AF305773

DE L'USAGE

NON INTERROMPU JUSQU'A NOS JOURS

DES TABLETTES

EN CIRE.

Lorsque M. Massmann publia, en 1841, des tablettes en cire, trouvées en Transylvanie dans une ancienne mine d'or inondée depuis longtemps (1), c'était une découverte trop singulière et trop inattendue pour ne pas être accueillie avec une certaine hésitation. Si quelques érudits s'enthousiasmèrent un peu de confiance pour l'authenticité d'une trouvaille dont les circonstances matérielles elles-mêmes n'étaient pas suffisamment connues (2), d'autres se rappelèrent le prétendu Sanchoniathon, si candidement accepté par M. Grotefend, et nièrent résolûment, sans donner aucune autre raison réelle que leur incrédulité (3). Un savant, remarquable entre tous par la sûreté et la solidité de son érudition, mais par cela même

(1) *Libellus aurarius, sive tabulae ceratae, et antiquissimae et unicae Romanae, in fodina auraria, apud Abrudbanyam, oppidulum Transylvanum, nuper repertae, quas nunc primus enucleavit, depinxit, edidit Joannes Ferdinandus Massmann;* Lipsiae, Weigel, in-4°.

(2) Nous citerons, comme digne à tous égards d'être fort remarqué, M. Huschke, *Ueber die in Siebenbürgen gefundenen lateinischen Wachstafeln;* dans le *Zeitschrift für geschichtliche Rechtswissenschaft,* t. XII, cah. II, p. 173-219.

(3) Les érudits sont malheureusement un peu disposés

A prendre l'horizon pour les bornes du monde;

ainsi, pour en donner un exemple récent, on a vivement contesté l'authenticité du poëme latin publié dans le *Nuove pergamene d'Arborea illustrate,* Cagliari. 1849, et une dissertation de M. Martini, imprimée dans le *Memorie della R. Academia delle Scienze di Torino,* série II, t. XV, et réimprimée sous le titre de *Studj storici sulla Sardegna,* Torino, 1855, l'a mise hors de doute.

sans doute un peu enclin à ne se laisser convaincre que par des preuves diplomatiques, soumit cependant ces tablettes à une critique sérieuse (1). Mais des lacunes fâcheuses dans le récit des faits, peut-être même quelques contradictions, devaient provoquer des doutes, et l'autorité, si considérable à tous égards, de M. Letronne, avait empiété sur le jugement : il tenait pour manifestement fausses les tablettes grecques auxquelles on supposait la même origine (2), et c'était se hasarder beaucoup que d'admettre l'authenticité des autres. D'ailleurs, les données nécessaires pour se former une conviction réfléchie, tous les termes de comparaison faisaient également défaut. Les tablettes romaines du Musée de Namur sont encore inédites; on connaît très-peu en France les ouvrages de Salig (3), de Leich (4) et de Doni (5); isolé comme il était, le *Congé honorable*, publié par Maffei (6), semblait moins un témoignage à l'appui que le modèle imité maladroitement par un faussaire. Comme pendant longtemps l'absence, ou plutôt l'ignorance des monuments, avait empêché de s'occuper beaucoup de l'écriture cursive, les premiers exemples qui attirèrent l'attention devaient étonner les plus habiles paléographes et leur inspirer des soupçons. Le fragment de papyrus conservé à la Bibliothèque de Leyde, ceux du Louvre et de la Bibliothèque impériale n'avaient pas encore été déchiffrés; les deux brochures de Christophe de Murr (7) étaient très-rares et leur

---

(1) Dans le *Journal des Savants*, Septembre 1841, p. 555-566.

(2) Peut-être cependant cette opinion n'est-elle pas non plus définitive. Les traits pris jusqu'ici pour des accents diffèrent beaucoup trop de l'accentuation, qui a fini par prévaloir, pour nous paraître une habileté de faussaire, et on a trouvé une seconde tablette, également accentuée d'une manière très-irrégulière, qui a d'assez grands rapports avec un des fragments de poterie antique que M. Egger a publiés dans les nouveaux *Mémoires de l'Académie des Inscriptions*, t. XXI, p. 377-408. Voyez la dissertation de M. Detlefsen, *Sitzungsberichte der Kaiserlichen Akademie der Wissenschaften*, t. XXVII, p. 89-108.

(3) *De diptychis Veterum tam profanis quam sacris;* Halae Saxonum, 1713, in-4º.

(4) *De diptychis Veterum;* Lipsiae, 1743, in-4º.

(5) *De' dittici degli Antichi profani e sacri;* Lucca, 1753, in-4º.

(6) *Istoria diplomatica*, p. 32. M. d'Arneth en a depuis publié beaucoup d'autres.

(7) *Specimina antiquissima scripturae graecae tenuioris seu cursivae ante impera-*

sincérité .avait été fortement contestée ; l'*Inscriptiones Pom-
peianae*, de Wordsworth (1), n'avait reçu qu'une publicité
fort restreinte, et, eussent-elles été moins inaperçues, les
deux inscriptions publiées par le *Musée royal Bourbon* et
celles qu'Avellino avait données dans le *Bulletin de l'Insti-
tut archéologique* (2), auraient sans doute paru trop irrégu-
lières et trop mal concordantes pour déranger à elles quatre
l'économie de la science. Les plus osés admettaient seulement
in peito la nécessité de certaines différences ; ils sentaient que
l'écriture dépend de son mode plus certainement encore que
de son temps. Le style qui s'enfonçait uniformément dans
une cire molle, la pointe qui rayait péniblement une muraille
et le roseau qui courait sur un papyrus et y mêlait les déliés
et les pleins, ne pouvaient tracer des caractères entièrement
semblables : ceux des tablettes devaient être plus pointus, plus
écrasés et moins réguliers. Tant que la rareté du parchemin
ne permit de s'en procurer que difficilement, et moyennant
de véritables sacrifices, il fut naturellement réservé aux écrivains attentifs et expérimentés, aux calligraphes de profession,
et les tablettes en cire étaient souvent griffonnées, un peu au
hasard, par des scribes ignorants et malhabiles. Le latin des
tablettes de M. Massmann était naturellement celui que l'on
parlait en Transylvanie, et les formes, encore inobservées,
qui lui étaient particulières, pouvaient aussi sembler suspectes.
Les immenses lectures et l'admirable exactitude de du Cange
ont donné à son glossaire latin une autorité que sa nature et
sa date obligent cependant de soumettre à quelques réserves.
La basse-latinité était une langue vulgaire, par conséquent
irrégulière, s'altérant de jour en jour davantage, se grossis-
sant pour ainsi dire dans chaque localité de tournures et d'ex-

toris *Titi Vespasiani tempora ex inscriptio-
nibus extemporalibus classiariorum Pompeianorum*; Lipsiae, 1792 : il y a malgré
le titre vingt et une inscriptions latines.
*Mantissa ad inscriptiones extemporales
classiariorum Pompeianorum* ; Lipsiae,
1793.

(1) Londres, 1837 : il y en a trente,
toutes métriques.

(2) Paris, 1831, p. 12.

pressions inconnues ailleurs, et du Cange ne pouvait recueillir que les formes, relativement peu nombreuses, dont les écrivains s'étaient servis. Chaque ouvrage qui voit le jour pour la première fois en met de nouvelles en lumière, et ce que l'on sait déjà n'autorise nullement à nier ce qu'on ignore encore (1). Toutes les formes sont possibles, parce que les corruptions étaient illimitées, et ne relevaient le plus souvent que du caprice et du hasard. L'extraordinaire rareté de ces monuments en cire et leur conservation plus extraordinaire encore, devaient aussi paraître de sérieuses objections : on ne savait pas alors que les eaux minérales avaient la propriété de conserver le bois, et de nombreuses, d'importantes découvertes ont, au moins sur ce point, imposé silence à tous les doutes. D'autres tablettes toutes semblables, remontant à la même époque, ont été trouvées aussi dans des mines de Transylvanie abandonnées depuis des siècles : ce sont également des actes authentiques, et de teneur trop variée pour qu'on les puisse croire raisonnablement copiées les unes sur les autres. Celle que M. Massmann avait publiée contenait une dissolution de société, datée de l'an 167 de l'ère chrétienne ; M. Ciprariu en a fait connaître une qui constatait vingt-cinq ans auparavant l'achat d'un esclave (2). Il y a dans une de celles que M. Erdy a publiées, un contrat du même genre, de l'an 129, et dans l'autre un acte d'emprunt, de l'an 162 (3). Celle que M. Detlefsen a expliquée avec tant d'érudition, semble émanée du même notaire et authentique la vente d'une maison (4). Le seul Musée de Pesth en possède jusqu'à qua-

---

(1) Les Bénédictins, puis Carpentier, puis M. Henschel, y avaient déjà introduit de très-grandes augmentations, et M. Diefenbach vient d'y ajouter un volume tout entier pour la basse-latinité spéciale à l'Allemagne. Voy. mes *Mélanges archéologiques*, p. 243-289.

(2) Dans le programme du gymnase de Siebenbürgen pour 1855 : elle a été réimprimée dans l'*Archäologische Anzeiger* de 1856, n° LXXXVIII.

(3) Dans les Mémoires de l'Académie hongroise de 1856, et sous le titre *De tabulis ceratis in Transylvania repertis* ; Pesth, 1856.

(4) Dans le *Sitzungsberichte der Kaiserlichen Akademie der Wissenschaften*, t. XXIII, p. 636-650.

— 5 —

rante, toutes inédites, et dans un voyage récent, M. Mommsen
en a pu voir en assez grand nombre et de nature assez di-
verse pour jeter de grandes clartés sur l'état social de cette
province au second siècle de notre ère, et lui donner la pensée
d'en reconstituer l'histoire. On en a même depuis trouvé à
Memphis, sur une momie, qui semblent encore plus anciennes (1), et leur forme pourrait au besoin servir aussi de
preuve et d'autorité aux autres (2).

L'histoire des tablettes en cire avait été d'ailleurs un peu
négligée (3), et pour un esprit sévère, habitué à remonter à
la raison des choses, il était difficile d'admettre sur la foi du
premier venu, qui ne se nommait même pas, que l'usage en
eût été si vulgaire dans une des parties les plus reculées de
l'Empire romain. A une époque très-ancienne, les Hébreux
écrivaient déjà sur des tablettes de bois (4), qu'un peuple in-
dustrieux, peut-être les Phéniciens, eut l'ingénieuse idée de
recouvrir d'un enduit assez épais et assez mou pour que le
style y traçât plus facilement des caractères (5). Au moment

(1) Voy. la Lettre de M. Fr. Lenormant, dans la *Revue archéologique*, 1852, p. 461, et la Réponse de M. Hase; *Ibidem*, p. 471.

(2) Elles forment un cahier de vingt feuilles, y compris le recouvrement. C'est ce que les Grecs appelaient Πυξίδες, et les Romains *Pugillares* : elles n'ont que 11 centimètres de hauteur sur une largeur de 42 milimètres. On les conserve au Cabinet des médailles sous le n° 3491.

(3) Saumaise lui-même s'y était trompé : Tria haec tempora distinguenda fuere, sive quatuor potius : unum quo non, nisi ceratis tabellis utebantur : alterum, quo et harum usus fuit et praeterea chartae Aegyptiacae et membranarum. Chartarum usus Romanis innotuit sub Ptolomaeo, qui ex consilio Aristarchi grammatici, Romanis primus dono misit pergamena, sive membranae, ab Attalo Pergameno, qui etiam, Cratete grammatico faciente, Romam eas misit. Tertium tempus illud fuit, quo ceratarum tabularum ratio plane exolevit, quum solis chartis Aegyptiis membranisque ad libros et contractus scribendos utebantur, quod post Constantini aevum omnino obtinuit. Quartum et ultimum, quo quadringentis, aut quingentis abhinc annis, novae chartae genere in Europa reperto, ea, quae ex papyro Nilotica conficiebatur antiquitus, prorsus ab usu recessit; *De subscribendis et obsignandis testamentis*, p. 271. L'abbé Lebeuf a cependant traité cette question d'archéologie dans une savante dissertation (*Mémoires de l'Académie des Inscriptions*, t. XX, p. 267-309); mais, comme il lui arrivait trop souvent, l'érudition y est plus abondante et plus variée que véritablement profonde.

(4) Et respondit mihi Dominus, et dixit : Scribe visum, et explana eum super tabulas; Habacuc, ch. ii, v. 2. Nunc ergo ingressus scribe ei super buxum; Isaie, ch. xxx, v. 8. Ce procédé était aussi en usage dans les temps héroïques de la Grèce; *Iliadis* l. vi, v. 169; *Thesmophoriazusae*, v. 770 et 775.

(5) On sait que les Phéniciens avaient

de la première guerre persique, les Grecs connaissaient ce procédé, et sans doute depuis peu de temps, puisque pour informer secrètement ses concitoyens des projets belliqueux de Darius, Démarate enleva la cire, écrivit son avertissement sur le bois, le recouvrit de cire et envoya la tablette à Lacédémone (1). Mais quelques années après, les Athéniens contractaient leurs obligations, comme en Transylvanie, sur des tablettes enduites de cire (2), probablement mêlée de poix (3). Ce mode d'écriture était donc certainement fort répandu dès le siècle de Périclès (4); mais on le généraliserait beaucoup trop en y rattachant tous les textes où la nature des tablettes à écrire n'est déterminée par aucune désignation plus précise (5). De nombreux témoignages prouvent qu'elles étaient quelquefois recouvertes de plâtre, ou seulement blanchies (6), et la réflexion suffit pour apprendre que celles où les lois étaient conservées ne se prêtaient pas si complaisamment à toutes les altérations (7).

beaucoup cultivé l'art d'écrire, et Aulu-Gelle dit qu'un Carthaginois (Hasdrubal, sive alius) pugillaria nova, nondum etiam cera illita, accepisse, litteras in lignum incidisse, postea tabulas, uti solitum est, cera collevisse ; easque tabulas tanquam non scriptas, cui facturum id promiserat, misisse; *Noctes Atticae*, l. XVII, ch. 9.

(1) Δελτίον δίπτυχον λαβὼν τὸν κηρὸν αὐτοῦ ἐξέκνησε, καὶ ἔπειτεν ἐν τῷ ξύλῳ τοῦ δελτίου ἔγραψε τὴν βασιλέος γνώμην; Hérodote, l. VII, ch. CCXXXIX, p. 385, éd. de Didot.

(2) Ὁπότε γράφοιτο τὴν δίκην ὁ γραμματεύς,
ἀπωτέρω στὰς ὧδε πρὸς τὸν ἥλιον
τὰ γράμματ' ἐκτήξαιμι τῆς ἐμῆς δίκης;
Aristophane, *Nubes*, v. 770-72.

(3) Démosthènes, *Opera*, p. 1132; Bekker, *Anecdota*, p. 278.

(4) Φέρε νυν, ἐνέγκω τὰς σανίδας καὶ τὰς γραφάς;
Aristophane, *Vespae*, v. 848.

Le γραμματίδιον τὶ, où, suivant Athénée, l. II, p. 49 n, le cuisinier écrivait le menu, était aussi probablement en cire.

(5) Παῖς ἐκ τοῦ διδασκαλείου τὴν τοῦ συμφοιτητοῦ δέλτον κλέψας: Ésope, fable CLIX, éd. de Furia. Τοιαῦτα μὲν ἡ Θίσβη καὶ ἡ δέλτος ἔφραζεν; Héliodore, *Aethiopica*, l. II, ch. 11 ; dans les *Erotici scriptores*, p. 252, éd. de Didot Dans ses *Animadversiones ad Guilandinum, De papyro*, p. 16, Scaliger a soutenu que *Tabulae* signifiait toujours des tablettes recouvertes de cire, mais le contraire a été suffisamment démontré par Saumaise dans ses Notes sur Vopiscus, *In Tacitum*, ch. VIII, et par Schwarz, *De ornamentis librorum*, ch. IV, par. VI. p. 137. Nous nous bornerons à citer deux épigrammes de Martial :

Secta nisi in tenues essemus ligna tabellas,
essemus Libyci nobile dentis on"
l. XIV, ép. 3.

L'autre, *Ibidem*, nº 186, prouve que *Tabella* signifiait quelquefois Une simple feuille de parchemin :

Quam brevis immensum cepit membrana
[Maronem !
ipsius vultus prima tabella gerit.

(6) L'écriture était noire : on trouve déjà dans Pollux Μέλαν, Μελανοδόχον et Καλάμος; *Onomasticon*, l. X, ch. XIV, p. 1217, éd. d'Amsterdam, 1706.

(7) Properce a dit en parlant des lois de Solon :

Les Romains avaient, comme les Grecs, des *albums* où s'inscrivaient les annales des pontifes et la plupart des actes publics (1); ils connaissaient l'encre comme eux (2), et se servaient déjà d'un papier grossier qu'ils cherchaient sans beaucoup de succès à polir (3). Mais, lors même que d'autres preuves plus positives ne nous seraient pas parvenues (4), le grand nombre d'images empruntées à l'usage d'écrire sur des tablettes en cire, qui sont entrées dans la langue usuelle (5), ne permettrait pas de douter que ce genre d'écriture ne fût devenu bien général. Plaute, qui peignait sous des noms grecs les mœurs et les usages connus de son public, nous apprend qu'on se servait pour les lettres les plus intimes de tablettes et de styles :

> Cape stilum propere et tabellas tu has tibi. .·
> Quod jubebo scribito isteic (6).

C'était sur ces tablettes que les juges inscrivaient leur verdict (7), et elles étaient trop variées pour que l'usage n'en fût

---

> Non illas fixum caras effecerat aurum ,
>   vulgari buxo sordida cera fuit ;
>   *Elegiarum* l. III, él. XXIII, v. 7;

mais il y a dans Aulu-Gelle : In legibus Solonis illis antiquissimis, quae Athenis axibus ligneis incisae sunt; l. II, ch. 12, et Diogène de Laërte, à qui ils devaient sans doute ce détail, disait également ἐς τοὺς ἄξονας. Encore au quatrième siècle les lois étaient publiées sur des tablettes de bois blanchi; *Codex Theodosianus*, l. II, tit. 27.

(1) Voy. le savant ouvrage de M. Leclerc, *Des journaux chez les Romains;* Paris, 1838.

(2) Nigra quod infusa vanescat sepia lympha;
    Perse, *satire* III, v. 13.

Voy. aussi Ausone, *Epistola* IV, v. 74, et *Epistola* VII, v. 54. On en connaissait même plusieurs espèces (voy. Vitruve, l. VII, ch. 10), et nous savons qu'au cinquième siècle c'était habituellement, comme maintenant, gallarum gummeosque commixtio; Martianus Capella, l. III, p. 258, éd. de Kopp.

(3) Cicéron, *Ad Quintum fratrem epistolae*, l. II, let. 15.

(4) Nous n'avons que l'embarras du choix : ·

Vertamus vomerem in ceram , mucroneque
                          [aremus osseo ;
  Atta; dans Isidore, *Originum* l. VI, ch. IX,
    p. 196, éd. de Lindemann.

Cera vadum tentet, rasis infusa tabellis :
  cera tuae primum nuntia mentis eat ;
    Ovide , *Artis amatoriae* l. I, v. 437.

        Tabulas a te removere memento;
Sic tamen, ut limis rapias, quid prima se-
Cera velit versu ;   [cundo
  Horace, *Satirarum* l. II, sat. v, v. 52.

Erant in proximo, non venabulum aut lancea, sed stilus et pugillares : meditabar aliquid enotabamque, ut, si manus vacuas, plenas tamen ceras reportarem; Pline le Jeune, *Epistolarum* l. I, let. 6.

(5) *Stilum infigere, Stilo appetere, Stilum vertere, Stilus elegans, Ubertas stili depascenda, Tabellarius, Testamenti tabulae, Rumpere testamentum*, etc.

(6) *Bacchides*, act. IV, sc. IV, v. 680.

(7) Ceratam unicuique tabellam dari cera legitima ; Cicéron, *De divinatione*, ch. VII. Huic judicialis tabula committitur quam iste, non modo cera, verum etiam sanguine, si liceat, notabit; Cicé-

pas fort répandu. On en faisait d'ivoire et de toutes sortes de bois : de sapin (1), de buis (2), d'érable (3), de hêtre (4), de citronnier (5), de sycomore (6), de tilleul (7), et on les teignait également de toutes les couleurs (8). L'histoire a même recueilli des faits matériels qui donnent à cet usage une incontestable authenticité. Ainsi César se défendit avec un style contre ses assassins (9); et le peuple, révolté des cruautés qu'Erixon avait exercées sur son fils, le tua à coups de style sur la place publique (10). Nous savons par le témoignage oculaire de Suétone, que Néron composait ses vers sur des tablettes en cire (11). Columelle disait quelques années après :

> Nomine tum graio, ceu littera proxima primae
> Pangitur in cera docti mucrone magistri,
> Sic et humo pingui ferratae cuspidis icta
> Deprimitur, folio viridus, pede candida, beta (12);

et du temps d'Ulpien, au troisième siècle de notre ère, on

---

ron, *In Verrem*, II, par. 32. Voy. aussi ci-dessous la note 8.

(1) Toxilo has fero tabellas tuo hero — Abi :
      [eccillum domi.
At ego hanc ad Lemniselenem tuam he-
      [ram obsignatam abietem —
Quid isteic scribtum?
    Plaute, *Persa*, v. 246.

(2) Voy. la citation de Properce, note 7, p. 6, et celle d'Aurelius Prudens, note 6, p. 9.

(3) Scribebam : Veneri fidas sibi Naso mi-
      [nistras (tabellas)
dedicat, at nuper vile fuistis acer;
    Ovide, *Amorum* l. I, él. XI, v. 27.

(4) Martianus Capella, *De nuptiis Mercurii et philologiae*, l. III, p. 258, éd. de Kopp, appelle même ces tablettes *cera fago illita*.

(5) Martial, *Epigrammatum* l. XIV, ép. 3.

(6) Comme dans les tablettes de Memphis dont nous parlions tout à l'heure.

(7) Dion Cassius, l. LXVII, p. 1114, et l. LXXII, p. 1211.

(8) Terentius Varro absolutus est a Q. Hortensio, qui, corruptis judicibus, hunc metum adjunxit ad gratiam, ut discoloribus ceris insignitas judices tabellas acciperent, ut timeret unusquisque eorum, ne fidem pactionis non servasse videretur, si non in tabula, quam unicuique datam meminisset Hortensius, ex nota cerae scilicet discoloris, absolutum Varronem reperiret; Asconius, *In Ciceronem*, p. 56.

(9) Suétone, *Julius Caesar*, ch. LXXXII : il transperça même le bras de Cassius.

(10) Sénèque, *De clementia*, l. I, ch. 14. Antyllius fut tué aussi à coups de style sur la place publique (Plutarque, *Caius Gracchus*, ch. XIII; *Vitae*, p. 1003, éd. de Didot), et on lit dans Suétone, *Caius*, ch. XXVIII : Cum discerpi senatorem concupisset (Caligula), subornavit, qui ingredientem curiam, repente hostem publicum appellantes, invaderent, graphiisque confossum, lacerandum ceteris traderent.

(11) Venere in manus meas pugillares libellique cum quibusdam notissimis versibus, ipsius chirographo scriptis, ut facile adpareret, non translatos aut, dictante aliquo, exceptos; sed plane quasi a cogitante atque generante exaratos : ita multa et deleta et inducta et superscripta fuerant; *Nero*, ch. LII.

(12) *De cultu hortorum*, l. X, v. 251.

s'en servait encore quelquefois pour écrire les testaments (1). Dans deux passages bien dépourvus de rhétorique, Quintilien nous a même attesté, avec sa clarté ordinaire, que de son temps les tablettes étaient généralement employées dans les écoles (2). Juvénal les représente aussi formellement comme le moyen le plus habituel d'instruction (3), et on en a retrouvé avec les autres monuments de la civilisation romaine dans cette ville surprise tout entière par la mort et devenue un musée conservé dans la cendre (4). Ce mode d'écriture devait s'étendre de plus en plus avec le besoin d'écrire : il permettait aux littérateurs d'effacer, jusqu'au dernier vestige, les formes qui n'exprimaient pas complétement leur pensée, et cette facilité de correction, la durée presque infinie du style et l'usage constant de la tablette, la sûreté et la force qu'il donnait à la main le rendaient aussi plus convenable que tout autre à l'enseignement des enfants (5). Les Romains le portèrent donc avec leur civilisation dans les provinces les plus soumises à leur influence et l'y naturalisèrent (6). Martial dit en termes exprès

---

(1) Quodsi in codicibus sit membraneis, vel chartaceis, vel etiam eboreis, vel alterius materiae, vel in ceratis codicillis, an deleantur, videamus; *De Leg.* iii, loi 52. Voy. Suétone, *Nero*, ch. xvii, et une inscription publiée par Ferretius, *Musae lapidariae Antiquorum in marmoribus*, l. ii, p. 146.

  (2) *De institutione oratoria*, l. I, ch. ii, et l. X, ch. iii, par. 31.

(3) Nonne libet medio ceras implere capaces
    Quadrivio;

    Satire i, v. 63, et sat. xiv, v. 190 :

Post finem autumni, media de nocte, supi-
                    [num
Clamosus juvenem pater excitat : Accipe
Scribe, puer; vigila.   [ceras;

Une intaille antique du Cabinet des médailles (nᵒ 1898), publiée par M. Hase dans son édition de Léon Diacre, nᵒ iii, représente un jeune homme étudiant dans une tablette.

  (4) Voy. le *Pitture antiche d'Ercolano*, t. IV, fig. 41. Pignoria a négligé de faire

connaître la provenance des deux styles antiques qu'il a publiés dans son livre *De servis*, p. 224, éd. d'Amsterdam, 1674, et Montfaucon a suivi ce mauvais exemple pour les neuf dessins qu'il a donnés dans son *Antiquité expliquée*. t. III, pl. 193. Il y en a un aussi au Musée de Cluny, sous le nᵒ 1809.

  (5) On en a même, depuis quelques années, repris l'usage en Angleterre et en Allemagne, notamment dans le grand-duché de Saxe-Weimar.

  (6) Aurelius Prudens dit dans son récit du martyre de saint Cassien :

Coniciunt alii fragiles inque ora tabellas
  frangunt, relisa fronte lignum di-silit.
Buxa crepant cerata, genis inpacta cruentis
  rubetque ab ictu curta et humens pagina.
Inde alii stimulos et acumina ferrea vibrant,
  qua parte aratis cera sulcis scribitur,
Et qua secti apices abolentur et aequoris
  rursus nitescens innovatur area ;   [hirti

    Peristephanon, hym. ix, v. 47, p. 385,
      éd. de Dressler.

que les styles étaient un cadeau précieux pour les enfants (1) :
aussi les tombeaux de l'époque gallo-romaine en contiennent-
ils souvent (2), même dans les cimetières franks (3). Déjà
cependant, au gré des élégants, les lignes ne se détachaient
pas suffisamment sur un fond de même couleur, et ils préfé-
raient tracer leurs lettres en noir sur des tablettes d'ivoire (4) ;
mais l'ancien système continuait de fleurir, surtout dans les
écoles (5). Le sujet de la première énigme de Symposius est
précisément un style, et sa description se rapporte évidemment
à celui dont les Romains s'étaient servis :

> De summo planus, sed non ego planus in imo :
> Versor utrinque manu, diverso et munere fungor :
> Altera pars revocat quidquid pars altera fecit (6).

(1) Haec tibi erunt armata suo graphiaria
[ferro ;
si puero dones, non leve munus erit;
l. xiv, ép. 21.

(2) Cochet, *Normandie souterraine*,
p. 106, 107, 122, 132, seconde édition ;
Ladoucette, *Histoire et topographie des
Hautes-Alpes*, p. 409 et 412, seconde
édition ; Bonnin, *Antiquités gallo-romaines des Euburoviques*, pl. 37, fig. 5
et 6 ; Musée de Cluny, n° 1797, trouvé
à Hérouval ; *Revue archéologique*, Nouvelle série, t. I, p. 328 ; etc. A défaut de
tablettes en cire, trop périssables pour
avoir pu se conserver sans des circonstances particulières, on en a trouvé, notamment à Fécamp et à Lillebonne, en
schiste et en ardoise, comme celles dont
on a continué, probablement sans interruption, de se servir dans les écoles.
Elles étaient même quelquefois sculptées
sur les pierres tumulaires. Wilthemius en
a publié quatre dans son *Adpendix ad
Diptychon Leodiense*, et Fabretti en a
fait connaître de fort curieuses : elles sont
à moitié ouvertes, avec cette inscription :
Soteridi fecit Auxcrisis mater filiae ; *In-
scriptionum antiquarum explicatio*, p. 206,
n° lii.

(3) Claude de Molinet, *Cabinet de la
Bibliothèque de Sainte-Geneviève*, p. 32 ;
Cochet, *Le tombeau de Childéric*, p. 215,
et *Normandie souterraine*, p. 298 et 350,
seconde édition ; Corrard de Breban,
*Mémoires de la Société d'agriculture de
l'Aube*, 1853, p. 388 et pl. xv, fig. 1.

Encore au huitième siècle, saint Boniface, l'apôtre de l'Allemagne, donnait en
présent à une abbesse un style d'argent,
graphium argenteum; let. vii ; dans le
Maxima bibliotheca veterum Patrum,
t. XIII, p. 73.

(4) Languida ne tristes obscurent lumina
[cerae,
nigra tibi niveum littera pingat ebur;
Martial, l. xiv, ép. 5.

C'était aussi un ancien usage ; l'écriture
s'effaçait avec une éponge : voy. Suétone, *Augustus*, ch. lxxxv, et *Caius*,
ch. xx. Habituellement cependant on
écrivait alors sur des peaux recouvertes
d'ivoire ; *Pugillares membranacios oper-
culis eboreis*, comme dans une inscription recueillie par Gruter, *Thesaurus In-
scriptionum*, p. 174, n° vii.

(5) Quum vero coeperit (puer) trementi
manu stilum in cera ducere, vel alterius
superposita manu teneri regantur arti-
culi, vel in tabella sculpantur elementa,
ut per eosdem sulcos inclusa marginibus
trahantur vestigia, et foras non queant
evagari ; saint Jérôme, *Epistola cvii* ;
Opera, t. I, col. 675 c, éd. de Vallarsi.
Isidore, *Originum* l. VI, ch. ix, par. 1,
appelle encore les tablettes de cire *Litera-
rum materies* et *Puerorum nutrices*. Martial lui-même disait, l. xiv, ép. 7 :

Esse puta ceras, licet haec membrana vo-
[cetur ;
delebis, quoties scripta novare voles.

(6) A l'appendice du Phèdre, édité par
Meursius, en 1615, non paginé.

Il y avait à Rome, selon Ammien-Marcellin, des banquets de grand luxe, où une trentaine de notaires, les tablettes à la main et le style dans sa gaîne, se tenaient prêts à écrire les mérites des différents plats (1). Un peu plus tard, Martianus Capella disait même, par une ingénieuse figure qu'il savait parfaitement claire à tous ses lecteurs, que toutes les fois qu'il plaît à Jupiter de penser au gouvernement du monde, les Parques affilent leurs styles et préparent leurs tablettes en cire (2). Nous savons, par un passage positif de Boëce, que ce mode d'écriture était encore général quelques années après (3). Malgré le petit nombre des monuments profanes que nous avaient légués les premiers siècles du moyen âge, et la destruction souvent systématique qui en a fait disparaître la plupart, il n'est pas encore impossible de prouver, par une suite non interrompue de citations, que les écrivains continuèrent jusqu'au quatorzième siècle, et peut-être même au delà, à suivre l'usage romain. Pour limiter un peu ces recherches et leur donner une autorité plus directe et plus décisive, nous les bornerons généralement à la France : nous ne recourrons à des témoignages étrangers que pour relier plus étroitement les autres et les rendre plus significatifs.

Ausone dictait ses ouvrages à un secrétaire qui les écrivait sur des tablettes en cire (4), et, comme le prouvent vingt pas-

---

(1) Maxime cum haec eadem numerantes, notarii triginta prope adsistant cum thecis et pugillaribus tabulis ; l. XXVIII, ch. IV, p. 529, éd. de Valois. Le sens de *thecis* est clair ; on lit dans Suétone : Vix remisit, ue cuivis comiti aut librario calamariae aut graphiariae thecae adimerentur ; *Claudius*, ch. XXXV. On en trouvera tout à l'heure une autre preuve dans un passage de Grégoire de Tours, p. 14, note 4. Les pugillaires eux-mêmes avaient habituellement un étui : sur les quatre que Wilthemius a publiés *l. l.*, il y en a jusqu'à trois, ceux de Jullinus, de Potentinus et de l'Anonyme, qui sont représentés dans un étui.

(2) Stilos acuunt cerasque componunt ; l. I, p. 106, éd. de Kopp. Un autre passage est même encore plus décisif : Nam sicut id quod conscribitur cera continetur et literis, sic quod memoriae commendatur in locis tanquam in cera paginaque signatur, imaginibus vero quasi literis rerum recordatio continetur ; l. V, p. 461.

(3)   Ut quondam celeri stilo
        Mos est aequore paginae
        Quae nullas habeat notas
        Pressas figere literas ;
Consolatio philosophiae, l. V, p. 340, éd. de Paris, 1680.

(4)   Puer, notarum praepetum
        Sollers minister, advola.
        Bipatens pugillar expedi....
        Et mota parce dextera
        Volat per aequor cereum ;
                ép. CXLVI.

sages de Martial, l'usage de ces tablettes n'était point particulier aux beaux esprits et aux antiquaires. Mais une coutume vaniteuse, qui prit vers ce temps de grands développements, le répandit bien davantage. Parmi les petits présents que l'on échangeait à l'occasion de la nouvelle année, figuraient depuis longtemps des pugillaires (1). Les candidats qui arrivaient aux dignités voulaient associer le peuple à leur joie par des largesses et des jeux : ils distribuèrent aussi de préférence des tablettes qui devenaient de véritables souvenirs (2), et en envoyèrent au loin d'assez précieuses pour être soigneusement conservées, où par surcroît de précaution ils s'étaient fait représenter dans toute leur gloire (3). Ces diptyques, habituellement en ivoire, auraient donc au besoin appris à écrire sur des tablettes en cire (4), et en maintenaient la tradition. Chaque église priait pour ses bienfaiteurs particuliers (5), et dans ces temps de fièvre religieuse, où le dogme n'était pas encore définitivement fixé, quelques-uns,

---

(1) Illae (pugillares et caricae)... quotidie mihi novum annum faciunt; Sénèque, let. LXXXVII.

(2) Religiosum atque votivum est, ut a quaestoribus candidatis dona solemnia potissimis atque amicissimis offerantur. In eo numero jure censemini. Offero igitur vobis eburneum diptychum et canistellum argenteum librarum duarum filii mei nomine, qui quaestorium munus exhibuit; Symmaque, *Epistolae*, suppl. let. VII, p. 302, éd. de 1604. Il en est aussi question l. II, let. 81; l. v, let. 56, et l. IX, let. 109.

(3) Les empereurs furent même obligés de réprimer cet usage : Illud etiam constitutione solidamus, ut, exceptis Consulibus ordinariis, nulli prorsus alteri auream sportulam, diptycha ex ebore dandi facultas sit, cum publica celebrantur officia. Sit sportulis nummus argenteus, alia materia diptychis; *Lex prima De expensis Ludorum*; dans le *Codex Theodosianus*; l. XV, tit. IX, l. 1.

(4) Voici la description qu'en donnait Schwarz : Conjungebantur duae ejusdem formae tabellae, ex ligno, vel ebore, vel alia materia paratae, quarum utrarumque interius latus cera fuit obductum, ut ibi litterae stilo, vel graphio exarari possent ; *De vetusto quodam diptycho consulari et ecclesiastico*, p. 4. Aussi *Diptychus* ou *Diptycha* avait-il pris le sens de Tablettes. DIPTYCHA, Manualis, quae et Pugillaris, et Ephemeris dicitur; *Thesaurus novus latinitatis*, probablement par Alexandre de Villedieu, p. 172; publié par Mai, *Classicorum auctorum* t. VIII : voy. aussi les notes suivantes. Jacobus Diaconus disait encore, *Sanctae Pelagiae Vita*, ch. VII : Quo illa audito, statim transmisit diptychum tabularum per eosdem pueros ita continentem : Sancto discipulo Christi; *Vitae Patrum*, p. 378, éd. de 1628.

(5) Venantius Fortunatus disait à Childebert et à Brunehaut, en parlant de saint Martin :

Nomina vestra legat patriarchis atque pro-
[phetis,
cui hodie in templo diptychus edit ebur;
l. x, ch. 7, éd. de Luchi.

même parmi les meilleurs, tombaient en indignité et devaient
être rejetés des prières publiques (1). Par une pieuse coutume, qui remontait aux premières traditions chrétiennes, on
recommandait aux prières de la congrégation les fidèles qu'elle
venait de perdre (2); il fallait donc, pour ainsi dire, chaque
jour supprimer et ajouter des noms, et les tablettes se prêtaient mieux qu'aucun autre système d'écriture à tous ces
changements. Les diptyques consulaires furent donc recher-
chés par les chefs des diverses églises, moins encore pour
l'ornement qu'ils ajoutaient aux autels que pour la facilité
qu'ils donnaient au culte (3), et popularisèrent de plus en plus
l'usage romain. Telle est l'origine de ceux que l'on conservait
à la cathédrale d'Autun (4), à Saint-Étienne de Bourges (5),
à Saint-Junien de Limoges (6), à l'abbaye Saint-Corneille de
Compiègne (7) et aux églises Saint-Lambert (8) et Saint-
Martin de Leyde (9).

(1) Hinkmar disait dans sa lettre au pape Nicolas : Rescribere mihi dignetur Apostolica vestra auctoritas, utrum eundem Ebonem inter episcopos in sacris diptychis in Ecclesia nostra nominare permittam, an, ne de cetero in episcoporum catalogo nominetur, prohibere debeam ; *Opera*, t. II, p. 261, éd. de Sirmond.

(2) Saint Grégoire disait dans une des messes pour un évêque décédé : *Super diptycha*, Memento etiam, Domine, famulorum tuorum qui nos praecesserunt et dormiunt in somno pacis. — *Item post lectionem*, Istis et omnibus, etc. *Liber Sacramentorum*, p. 227, éd. de Ménard. Post illa ergo verba, quibus dicitur *In somno pacis*, usus fuit Antiquorum, sicut etiam usque hodie Romana agit Ecclesia, ut statim recitarentur ex diptychis, id est tabulis, nomina defunctorum : atque ita post lectionem nominum subjungerentur verba sequentia *Ipsis*, etc ; Alcuin (?), *De divinis officiis*, ch. XL; *Opera*, t. II, p. 505, éd. de Froben. Voy. Bona, *Rerum liturgicarum* l. II, ch. XIV, p. 405 et suiv., éd. de Rome, 1671.

(3) Aussi s'en est-il conservé en assez grand nombre pour que l'ouvrage de Gori, *Thesaurus veterum diptychorum* (Florence, 1759), ait trois volumes in-folio. Voy. la dissertation de Cardona, *De diptychis sacris*, dans son *Opuscula*, p. 121-144, et Ros-Weyden, *Vitae Patrum*, Onomasticon, p. 1024, éd. de 1628.

(4) Publié par Millin, *Voyage dans le midi de la France*, t. I, pl. XIX, et conservé au Cabinet des médailles, n° 3263. Il porte le nom de Fl. Petrus, qui fut consul en 516.

(5) Publié par Wilthemius, *Diptychon Leodiense*, pl. II : au nom de Fl. Anastasius Paulus Probus Sabinianus Pompeius Anastasius, consul en 517.

(6) Publié par Mabillon, *Annales Ordinis sancti Benedicti*, t. III, p. 222, et conservé au Cabinet des médailles, n° 3262 : au nom de Flavius Felix, consul en 428.

(7) Publié par Sirmond, *Apollinaris Sidonius*, l. I, let. 6 (*Opera*, t. I, col. 1060), et conservé au Cabinet des médailles, n° 3266. Il porte le nom de Flavius Theodorus Philoxenus Sotericus Philoxenus, consul en 525.

(8) Publié par Wilthemius, *Diptychon Leodiense*, pl. I : il porte le même nom que celui de Bourges.

(9) Publié par Wilthemius, *Adpendix*

Ce mode d'écriture était devenu si général au sixième siècle que la Règle de Saint-Benoît obligeait les abbés de fournir à tous leurs moines *graphium* et *tabulae* (1) : le sens exact de ces deux mots s'était naturellement conservé dans les abbayes, et Guido Juvénal les a rendus en français par l'*eguille dont on escrit es tablettes* et *des tabletes pour escripre* (2). Une des catastrophes de la vie de Brynhild fut amenée par l'indiscrétion d'un enfant qui copia sur une tablette enduite de cire l'ordre qu'elle avait donné à un de ses exécuteurs habituels de la débarrasser d'un seigneur qui la gênait (3). Grégoire de Tours nous apprend même que la forme des styles avait été sensiblement modifiée : pour les mieux approprier à leur office de grattoirs, les deux côtés de la palette qui en formait le sommet, étaient devenus tranchants (4). Ces tablettes étaient aussi restées en usage dans le Midi, même pour les correspondances familières. Après avoir lu une lettre que lui écrivait saint Honorat, Eucherius s'écria poétiquement : « Tu as rendu son miel à la cire ! (5) » et une phrase curieuse d'une sorte d'homélie, peut-être du sixième siècle, semble autoriser à croire que le peuple ne connaissait pas alors d'autre manière d'écrire : Symbolum, fratres carissimi, non in tabulis scribitur ;

ad Diptychon Leodiense, p. 2 et 3 : au nom de Flavius Astyrius, consul en 494. Probablement le *Tabula devodi* (d'ivoire) mentionné dans un Inventaire du Trésor de la cathédrale de Clermont-Ferrand, qui remonte au dixième siècle (dans la *Revue archéologique*, t. X, p. 168), était un diptyque de ce genre.

(1) Ch. *De vestiariis et calciariis Fratrum*.

(2) Fol. 43 v°, éd. de Michel Le Noir, 1502.

(3) Frédégaire, *Chronicon*, ch. XL ; dans dom Bouquet, t. II, p. 429.

(4) At illi, magistri sanguinem sitientes, ceratas in caput illidunt tabellas, secantes latitudinibus stilorum (à Imola, vers le milieu du troisième siècle), punctisque minutis transverberantes membra magistri ; *De gloria martyrum*, l. I, ch. 43. C'est là sans doute l'origine de notre *greffoir*. Un autre passage prouve que ses lecteurs connaissaient parfaitement les styles, car il aurait pu en supprimer complétement la mention sans rien retirer de son idée : Quisquis de vigilantibus habuisset in turre lanceam, aut spatham, vel cultellum, seu grafium protulisset ex theca, fere per horae spatium tale lumen reddebatur ex universo gladio, tanquam si illud ferrum verteretur in cereum ; *De virtutibus sancti Martini*, l. I, ch. 14.

(5) Beatus Eucherius, cum ab eremo in tabulis (ut assolet) cera illitis in proxima ab ipso degens insula, litteras ejus suscepisset, Mel, inquit, suum ceris reddidisti ; saint Hilaire (d'Arles), *De sancto Honorato oratio funebris*, fol. 22 v°, éd. de Paris, 1578.

sed in corde susceptum memoriter retinetur (1). On avait même fait des abécédaires en cire, sans doute rendue plus dure par quelque mélange, et l'on s'en servait, au moins en Irlande, quelques années auparavant, pour apprendre à lire aux enfants (2).

Au commencement du huitième siècle, les tablettes portatives étaient encore habituellement en cire, ainsi que nous l'apprend saint Aldhelme dans l'énigme où il les a décrites :

> Melligeris apibus mea prima processit origo,
> Sed pars exterior crescebat caetera silvis ;
> Calceamenta mihi tradebant tergora dura ;
> Nunc ferri stimulus faciem p(r)oscindit amoenam
> Flexibus, et sulcis obliquat ad instar aratri (3).

Un capitulaire de Charlemagne montre d'ailleurs qu'il existait de son temps une assez grande quantité de tablettes d'origine romaine (4), et si l'importance qu'il y attachait, le soin jaloux avec lequel il les fit rechercher (5), et l'exemple opiniâtre qu'il se plaisait à donner lui-même (6), ne répandirent pas davantage ce mode d'écriture ; ils l'empêchèrent certainement de tomber en désuétude. Bien des années après, ces tablettes étaient encore assez communes pour que l'Église se soit émue

---

(1) *Missale gallicanum vetus;* dans Mahillon, *De liturgia gallicana*, l. iii, p. 340.

(2) Nous n'en connaissons qu'un témoignage, mais il est positif : Cum in agro ipse (Mochteus) sederet, allato angelus Domini ceraculo, eum litterarum docuit elementa; *Acta Sanctorum*, Août, t. III, p. 743, col. 2. Du Cange cite un autre exemple, malheureusement assez obscur, de *Ceraculum.*

(3) Dans le *Bibliotheca veterum Patrum*, t. XIII, p. 27, et *Ibidem*, p. 26, *De elemento :*

Nascimur ex ferro, rursus ferro moribundae.

(4) *De tabulis vel codicibus requirendis;* Capitul. iii, 789, par. 4; dans Baluze, *Capitularia*, t. 1, col. 243.

(5) Il semble même les avoir regardées comme plus importantes que les codices, puisqu'il les nomme les premières.

(6) Ad capitium lecti sui tabulas cum graphio habebat et quae.... de profectu et soliditate regni meditabatur, in eisdem tabulis annotabat ; *Concile de Fimes* (Sancta-Macra, en 881), ch. viii; dans Labbe, *Sacrosancta concilia*, t. IX, col. 354. C'était sans doute emprunté à Einhard : Tentabat et scribere, tabulasque et codicillos ad hoc in lectulo sub cervicalibus circumferre solebat, ut cum vacuum tempus esset, manum effigiandis litteris assuefaceret ; *Vita Caroli Magni*, ch. xxv. Pagius, Gesner, Heumann et Hagenbuch ont contesté le fait, peut-être avec raison ; mais la conservation de ce mode d'écriture à la fin du huitième et du neuvième siècle n'en serait que plus certaine.

du mauvais usage qu'on en faisait et ait expressément défendu de s'en servir pour consulter le sort (1). Les pugillaires romains constituaient même une partie du costume et de la dignité des clercs :

Clerice, dicticam lateri ne dempseris unquam,

disait un vers devenu proverbial (2), et nous savons, par un témoin occulaire, que le chancelier de Charlesl-e-Chauve assistait au dîner royal son album à la ceinture, et notait immédiatement tout ce qui s'y passait d'important (3). Pendant longtemps l'habitude, si puissante surtout dans les formalités d'affaires, força donc en quelque sorte les notaires de s'en servir pour recueillir exactement les intentions des parties, et préparer leurs actes (4). Très-convenables pour fixer les termes d'une stipulation, ces tablettes étaient peu propres à la composition d'ouvrages de longue haleine; elles n'étaient plus alors suffisamment portatives et se brisaient trop facilement : la cire s'écaillait en durcissant, et quand la chaleur venait à la trop ramollir, les caractères s'effaçaient, pour ainsi dire, d'eux-mêmes. On dut donc chercher à les composer de quelque matière plus commode et plus sûre; mais elles atteignaient alors à un prix trop élevé (5) pour devenir d'un usage général

---

(1) In tabulis vel codicibus sorte futura non sunt requirenda, et ut nullus in Psalterio vel in Evangelio, vel in aliis rebus sortiri praesumat ; Ivo, *Decreti* P. xi, ch. 52. Thiers a même encore indiqué cette pratique superstitieuse ; *Superstitions anciennes et modernes*, p. 49, éd. d'Amsterdam, 1733. Il cite aussi ailleurs, d'après le *Poenitentiale* de Théodore : In tabulis vel codicibus aut aliis, sorte furta (?) non sunt requirenda. Qui contra fecerit quadraginta dies poeniteat; *Traité des superstitions*, t. I, p. 241.

(2) Il se trouve dans les gloses de Gratian, ch. xxiv, quest. ii, par. 6, et Wilthemius, *Diptychon Leodiense*, p. 1, a publié un distique qui exprimait la même idée :

Clerice, dictica lateri sit semper amica ;
nam sine dictica vix retinebis (ea).

Les cinq pugillaires romains sculptés sur des tombeaux ont tous des cordons qui prouvent qu'on les portait à la ceinture.

(3) Non Ercambaldi sollers praesentia desit,
cujus fidam armat bina tabella manum ;
Pendula quae lateri manuum cito mem-
[bra revisat,
verbaque suscipiat, quae sine voce ca-
[nat ;
Theodulfus, *Ad Carolum regem*, v. 147, éd. de Sirmond.

(4) Propter quendam de praelatis Ecclesiae qui publice sibi duo scorta copulavit, et tertiam pellicem cui *matrimoniales tabulas* faciat jam sibi praeparavit; *Ivonis epistolae*, let. cc, p. 86, éd. de Paris, 1647, et la même expression se retrouve *Ibidem*, let. ccxviii, p. 92.

(5) Dans son testament du mois de

et se substituer complétement aux anciennes. On ne put commencer à y renoncer sérieusement qu'à une époque moins indifférente aux choses littéraires, lorsque la préparation des peaux eut fait de grands progrès, et on ne l'abandonna pas généralement avant que la fabrication du papier eût doté la civilisation d'un de ses plus économiques et de ses plus puissants instruments. Cette désuétude du système romain ne fut pas même alors universelle; il continua longtemps encore à être employé, et peut-être exclusivement, dans les écoles. Scot Érigène passait pour avoir été tué par ses élèves à coups de style (1); saint Wolfgang, évêque de Ratisbonne, se faisait un devoir d'examiner lui-même les tablettes où les étudiants avaient noté leurs leçons (2), et selon un manuscrit du treizième siècle, saint Félix *fu mis as mains des enfanz qu'il avoit enseignie, qui l'ocidrent a grefes et a aleignes* (3). Encore en 1063, le directeur du monastère d'Ouche, si célèbre depuis sous le nom de Saint-Évroul, préparait lui-même des tablettes en cire pour les enfants qu'on y instruisait (4), et deux siècles après, Jean de Garlande disait dans un poëme spécialement destiné aux écoliers :

Est stilus, et graphium, calamus scriptoribus aptus (5).

juin 839, le comte Heccard donnait nominativement avec ses bijoux et autres choses précieuses, *Tabulas saraciniscas et Tabulas corneas*; *Bulletin de la Société de l'histoire de France*, 1855, p. 198. Les premières étaient probablement des tablettes de parchemin à secret, qui fermaient comme avec une sarrasine, une herse, et les autres, des tablettes dont la couverture était en écaille ou en corne.

(1) Munificentia regis Anglorum Elfridi electus (Johannes Scotus) venit in Angliam, et apud monasterium Malmesberiense a pueris quos docebat, graphiis, ut fertur, perforatus etiam martir aestimatus est; Albericus Trium-Fontium, *Chronicon*, année 878.

(2) Ut autem adolescentes in capiendis scientiae liberalis notitiis forent agiliores, frequenter voluit tabulas eorum cernere dictales; *Vita sancti Wolfgangi*, ch. xviii. Saint Wolfgang mourut en 997.

(3) B. I., fonds de Saint-Victor, nº 12, fol. 29 vº, col. 2.

(4) Ipse (Osbernus) propriis manibus scriptoria pueris et indoctis fabricabat, tabulasque cera illitas praeparabat; Orderic Vital, l. iii, par. 7; t. II, p. 94 éd. de M. Le Prévost.

(5) *Liber de aequivocis*, v. 435; dans Leyser, *Historia poetarum medii aevi*, p. 328. Dans une chanson d'écoliers que nous a conservée un ms. du treizième siècle, écrit en Allemagne, il y a aussi

Stylus nam et tabulae
sunt feriales epulae;
Carmina Burana, p. 250.

Les tablettes des Romains étaient souvent teintes en rouge ;
Ovide disait à celles qui n'avaient pu toucher sa maîtresse :

Ite hinc difficiles, funebria ligna, tabellae,
   tuque negaturis cera referta notis :
Quam, puto, de longae collectam flore cicutae
   melle sub infami Corsica misit apis.
At, tanquam minio, penitus medicata rubebas ;
   ille color vere sanguinolentus erat (1).

Les endroits sur lesquels on voulait appeler l'attention d'une
manière plus spéciale étaient ainsi naturellement marqués
d'un signe rouge (2). Sur du papyrus ou du parchemin, on se
serait servi d'encre, et ce n'eût plus été qu'un hasard trop acci-
dentel pour s'être reproduit avec régularité : il a donc fallu que
les traditions romaines, en fait d'écriture, eussent été fidèlement
conservées pour qu'on ait indiqué aussi pendant tout le moyen
âge, les passages les plus importants par des *rubriques* (3).
Les écrivains de profession devaient d'ailleurs tenir, non plus
par habitude, mais par intérêt, à un mode d'écriture qui se
prêtait indéfiniment à tous les changements et leur permettait
de s'approprier, sans qu'il en restât aucune trace, les corrections
qui leur étaient suggérées. C'était, selon toute apparence,
des tablettes en cire que Fredigardus, un moine de la seconde
moitié du neuvième siècle, envoyait à son abbé, en le priant
d'y marquer les fautes avec son style (4). Nous savons même

(1) *Amorum* l. 1, él. xii, v. 7.

(2) Cerulas enim tuas miniatulas illas pertimescebam ; Cicéron, *Epistolarum* l. xvi, let. 11, et *Ibidem*, l. xv, let. 14 : Quae quidem, vereor, ne miniata cerula tua pluribus locis notandae sunt.

(3) *Rubrica* signifiait Rouge dans l'ancienne latinité, et ne s'appliquait dans ce sens spécial qu'aux titres de loi. Aurelius Prudentius disait encore, *In Symmacum* ii, v. 462 :

Cur rubrica minetur
Quae prohibet peccare reos.

(4) Oro in prima fronte nostrae inceptionis, mi pater atque germane adelfe, ne cuilibet cornicatori nostram propaletis naeniam, ut ex hoc minime valeat pelle inflata ac fronte rugata crispare cancinum (l. cachinnum ?). Quin magis humiliter flagito quo(d) clam nostram corrigatis inertiam, atque subpresse plurimas stilo calamove denotate mendas ; Bibliothèque de Bourgogne, n° 10473 (onzième siècle), fol. 36. Probablement *Calamus* ne se trouve ici que par une affectation de belle latinité. Nous devons cependant reconnaître que *Stilus* avait quelquefois réellement ce sens métaphorique. On lit dans une Vie de saint Dunstan, évêque de Cantorbéry, écrite à la fin du dixième siècle : Acceptes, obsecro, sola septus connexione caritatis, horum apicellorum tennem congeriem, vix ebenina titulatione styloque fuscanti concretam ; *Acta*

positivement que pour donner plus d'exactitude à sa Vie de saint Boniface, saint Wilibald l'avait composée sur des tablettes en cire, et ne la transcrivit sur des feuilles de parchemin qu'après l'avoir soumise à l'examen de deux personnes très-instruites de tous les faits qu'il voulait raconter (1). A la fin du onzième siècle, Lisiardus écrivit aussi sur des tablettes romaines la vie de saint Arnulphus, son prédécesseur sur le siége de Soissons, et ne voulut la récrire d'une manière définitive qu'avec l'assistance d'un neveu qui ne l'avait point quitté dans ses dernières années (2). C'était même sans doute, au moins en France, un usage général, puisque Guibert de Nogent relatait comme une singularité digne de mémoire qu'il n'ébauchait pas ses œuvres sur des tablettes, mais les écrivait tout d'abord définitivement sur des pages (3). Quelques années après, les secrétaires de Baldric, abbé de Bourgueil, en Anjou, transcrivaient sur parchemin les vers qu'il avait composés sur des tablettes en cire (4). Il dit dans une autre pièce qu'au lieu d'être noires comme d'usage, celles dont il se servait étaient vertes (5), et nous a laissé une curieuse description des albums de son temps :

Attamen in vobis pariter sunt octo tabellae
quae dant bis geminas paginulasque decem.

Sanctorum, Mai, t. IV, p. 346. L'auteur venait de dire : Eatenus, inquam, ut quidquid hac in editione contra orthographiae normam compositoris vitio usurpatum repereris, imperiali potentia abradere, ac ploranti pinnicula profluentis encausti in melius ab errore reformatum emendare praecipias.

(1) Wilibaldus.... vitam conversationemque.... viri Dei conscripsit.... primitus in ceratis tabulis ad probationem domni Lulli et Megingaudi, et post eorum examinationem, in pergamenis rescribendam; *Sancti Bonifacii Vitae a Wilibaldo scriptae supplementum;* dans les *Acta Sanctorum,* Juin, t. 1, p. 476.

(2) Cuncta quae noverat (Everolphus), mihi in cera exaranti, ordine enarravit...

Quae ceris impresseram, mihi adjumento fuit (Arnulphus), ut ea atramento in chartis conscriberem; dans Surius, *Vitae Sanctorum,* Août, p. 156.

(3) Opuscula enim mea, haec et alia, nullis impressa tabulis dictando et scribendo, scribenda etiam pariter commentando, immutabiliter paginis inferebam, *De vita sua,* l. 1, ch. 16; *Opera,* p. 477.

(4) Qui carmina sua e tabulis ceratis in membrana referebant; Mabillon, *Librorum de diplomatica supplementum,* p. 51.

(5) *Ibidem.* Les tablettes usuelles dont on se servait en Angleterre étaient aussi habituellement vertes (voy. ci-dessous, p. 108. note 2, et celles qu'on a conservées dans les archives municipales de

> Cera namque carent altrinsecus exteriores,
> sic faciunt octo quattuor atque decem (1).

C'était aussi sur des tablettes en cire, nous dit un historien contemporain, que saint Bernard, écrivait les pensées qui lui étaient inspirées par le ciel (2), et, un matin, à la grande surprise de saint Anselme, les tablettes de l'album sur equel il composait se trouvèrent dispersées dans sa chambre; l'écriture en était à moitié effacée, et après l'avoir rétablie à grand'peine, il la fit aussitôt transcrire sur parchemin (3).

On ne peut donc voir une vaine métaphore de rhétorique dans ces vers que Raoul Tortaire adressait à un de ses amis :

> Nam cum missa mihi legissem verba salutis,
> arripui ceras, arripuique stylum (4);

il parlait d'un vrai style, et aurait pu, comme Baldric, en déplorer la perte, s'il fût venu à se briser après dix ans de

---

Hanovre sont d'un vert obscur, probablement sali par le temps; Wehrs, *Vom Papier*, p. 30.

(1) *Ibidem*. Les albums des Romains étaient moins considérables :

> Gnovi edepol nomen, nam mihi istoc no-
> [mine,
> Cum scribo, explevi totas ceras quattuor;
> Plaute, *Cu-culio*, v. 418.

Le pugillaire du tombeau de Jucundus, publié par Wilthemius, *l. l.* p. 18, semble avoir eu aussi quatre pages. Celui dont parle Martial n'en avait encore que cinq, comme ceux de Memphis et du tombeau de Soteris :

> Quincuplici cera cum datur auctus (*al.* al-
> [tus) honos;
> *Epigrammatum* l. XIV, ép. 4.

Pugillarium vero forma fuit oblonga et quadrata, eminenti quadam margine circumcirca conclusa, ut vidimus Romae in veteri arca sepulchrali, in hortis Cyriaci Matthaeii; Pignoria, *De servis*, p. 220. Voy. de curieux renseignements sur la forme de ces tablettes dans Saumaise, *De modo usurarum*, p. 460, éd. de Leyde; Wilthemius, dans son ch. *De pugillaribus Veterum*, à l'appendice du *Dipytchon Leodiense*; Schwarz, *De libris plicatili-*

bus Veterum, Altorphii, 1717, et Walch, *De pugillaribus Veterum*, Ienae, 1756.

(2) Dictabat vir Dei, et nonnunquam scribebat in tabulis cereis (mella restituens, et quidem gratiosa prioribus); non patiebatur perire inspirata sibi divinitus; Ernaldus, *Sancti abbatis Vita*, l. II, ch. 8; *Sancti Bernardi opera*, curis Mabillon, p. 2185, 4e édition.

(3) Ille in secretiore parte lectuli sui tabulas reponit, et sequenti die nil sinistri suspicatus, easdem in pavimento sparsas ante lectum reperit, cera quae in ipsis erat, hac illac frustratim dispersa. Levantur tabulae, cera colligitur, et pariter Anselmo reportantur : adunat ipse ceram, et licet vix scripturam recuperat. Veritus autem ne qua incuria penitus perditum eat, eam in nomine Domini pergameno jubet tradi; Eadmerus, *Sancti Anselmi Vita*, l. I, ch. 3; *Acta Sanctorum*, Avril, t. II, p. 872, col. 1.

(4) *Epistola* IX, v. 3; dans la *Bibliothèque de l'Ecole des chartes*, quatrième série, t. I, p. 512. Il disait dans une autre pièce, *Ibidem*, p. 502 :

> Eximium vatem si nasci forte Maronem
> hoc aevo dederat prospera stella Venus....
> Non solum macra qua scribat egebit aluta,
> cerula vix mandet cui rude carmen erit.

bons services (1). Cette manière d'écrire avait cependant un défaut capital : les caractères se détachaient mal du fond de la tablette et n'étaient pas suffisamment distincts. Aussi les rendait-on quelquefois plus visibles en les enduisant d'une couleur différente (2); mais c'était renoncer à tous les mérites de cette écriture. Elle devenait lente, compliquée, se prêtait très-difficilement aux corrections et ne permettait plus de se servir une seconde fois, sans une nouvelle préparation, des mêmes tablettes. On s'en tint donc aux anciennes traditions, tant que d'heureuses découvertes ne les eurent pas remplacées avec avantage : tout inventifs qu'ils soient, les artistes eux-mêmes continuaient à tracer sur ces tablettes les esquisses de leurs œuvres (3). Notker parle d'un animal dessiné sur la cire (4), et Neckam met au nombre des ustensiles nécessaires à l'apprenti orfèvre une tablette enduite de cire où il esquisse d'abord ses fleurons (5).

Pour présenter avec plus d'exactitude les comptes des dépenses publiques, les Grecs en recueillaient les éléments sur des planches (6). Dans leur amour du droit rigoureux, les Romains avaient étendu cet usage et préparaient sur des tablettes tous les actes importants (7) : au besoin ils reconnais-

(1) Il appelait son petit poëme *Carmen lugubre*; dans Mabillon, *Librorum de diplomatica supplementum*, p. 51.

(2) Dans les tablettes de Strasbourg, le creux des lettres a été peint en blanc, et il ne nous semble nullement impossible que, dans le passage cité p. 18, note 4, de la Vie de saint Dunstan, il ne s'agisse de lettres creusées d'abord sur des tablettes en cire, et ensuite marquées d'encre.

(3) C'était l'usage dans l'Antiquité classique : voy. Plutarque, *De sera Numinis vindicta*, p. 109, éd. de Wyttenbach; Pline, *Historiae naturalis* l. XXXV, ch. 7. et Böttiger, *Kleine Schriften*, t. II, p. 123 et 124.

(4) Ube ich mit minem griffele an einem wahse gerizo formam animalis; Traduction du *De consolatione Philosophiae* de Boëce, ch. 170. Ce passage est même d'autant plus significatif qu'il ne se trouve pas dans l'original.

(5) Habeat autem discipulus ejus rudis tabellam ceratam vel ceromate unctam, vel argilla oblitam, ad flosculos protrahendos et depingendos variis modis, ne in offensione procedat; *De utensilibus;* dans M. Wright, *A volume of vocabularies*, p. 118.

(6) Δελτός : voy. Rangabé, *Antiquités helléniques*, t. I, nᵒˢ 56-59. Les tablettes de Memphis contiennent aussi des notes de dépenses, qui devaient servir à un entrepreneur, nommé Παπνούθιος, probablement au lieu de Παπνούθιος, pour établir ses comptes.

(7) Lucius Titius miles notario suo testamentum scribendum notis dictavit, et antequam literis prescriberetur, vita defunctus est : *Digeste*, l. XXIX, tit. II.

saient même aux brouillons une valeur authentique (1), et assimilaient à un faux les changements qu'on y introduisait sans le consentement des parties (2). Telle est l'origine de toutes les tablettes trouvées en Transylvanie et de l'ancienne formule *Rescripsi et recognovi,* qui figure encore au bas d'un acte de 564 (3). La rareté du papier et la cherté du parchemin obligèrent de conserver un usage si économique et si simple; mais en raison même de cette simplicité, les écrivains n'avaient pas l'idée d'en parler. Ce n'est que par un hasard trop extraordinaire pour s'être renouvelé souvent qu'on a noté que l'inventaire des vases d'or et d'argent et des autres richesses de l'abbaye de Saint-Père, ordonné en 1029 par l'évêque de Chartres, fut écrit sur des tablettes en cire (4). Malheureusement ces minutes devenaient inutiles quand elles avaient été transcrites : dans son intérêt, le notaire les effaçait pour en libeller d'autres, et celles qui échappaient à cette suppression naturelle ne tardaient pas à périr par un de ces hasards sans nombre dont n'auraient pu les préserver même des soins plus prévoyants. Si donc malgré ces chances presque inévitables de destruction, une seule de ces tablettes existait encore, ce serait une preuve suffisante que l'usage en était fort répandu (5), et la Bibliothèque impériale en possède jusqu'à cinquante qui remontent toutes à une époque où les années les plus oublieuses

par. 40. De là le *Notarius* et le *Sumptum,* Résumé des actes, qui remplaçait autrefois la Minute dont la signification étymologique est toute semblable.

(1) Buttmann; dans Savigny, *Zeitschrift für Rechtswissenschaft,* t. I, p. 281.

(2) Qui in rationibus, tabulis cerisve vel alia qua re sine consignatione falsum fecerint vel rem amoverint, perinde ex his causis atque si erant falsarii puniuntur; *Lex Cornelia,* De falsis.

(3) Massmann, *Libellus aurarius,* p. 25.

(4) Episcopus cum magna clericorum et laicorum caterva ad monasterium venit, sedensque ante altare beati Petri, aurea ecclesiae atque argentea vasa, aliaque ornamenta, in ceris, hoc est in cereis tabulis, conscribi jussit; Mabillon, *Annales Ordinis sancti Benedicti,* t. IV, p. 352.

(5) Cocchi a dit aussi en parlant des tablettes en cire conservées à Florence : Il solo materiale di questo libro mostra la continuazione anco nei secoli a noi piu vicini del costume antichissimo di scrivere nelle tavole, o nelle cere; *Lettera critica sopra un manoscritto in cera,* p. 17. Voy. les indications très-incomplètes des tablettes en cire encore existantes, qu'ont données M. Bordier, dans le *Bulletin de la Société de l'histoire de France,* 1854, p. 141, et M. Hesse, dans le *Serapeum,* 1860, n°ˢ 23 et 24.

du moyen âge étaient passées depuis longtemps (1). Celles où un des trésoriers de saint Louis avait recueilli les éléments de ses comptes (2) sont même assez étendues pour être devenues, grâce à l'habile déchiffrement et à la pénétration de M. de Wailly, une heureuse acquisition pour l'histoire (3). Une charte royale, encore inédite, nous apprend d'ailleurs un fait d'une importance trop majeure dans cette question pour que nous ne la citions pas tout entière : elle prouve incontestablement que ces tablettes n'étaient pas un caprice particulier à un comptable préoccupé de sa commodité personnelle, mais la conséquence d'un usage général, le mode officiel de préparer et de vérifier les comptes (4). Philippus, Dei gratia Franciae rex, notum facimus quod nos attendentes gratum servicium quod dilectus et fidelis clericus noster magister Petrus de Condeto, archidiaconus Suessoniensis (5), nobis impendit, eidem dedimus et concessimus taxamentum vini quod habebamus apud Arcolium, pro quo solet nobis annuatim solvi unum dolium vini, sex modiorum vel circa ad mensuram Parisiensem, quod tamen plus valere debet, ut dicitur, ipsi et haeredibus suis, seu ab ipso causam habentibus, in perpetuum possidendum et tenendum a nobis et haeredibus nostris in feodum, ad unum stillum ferreum de servicio solvendum quolibet anno in compotis

(1) Il y en a même à Dresde, de 1426 ; à Hanovre, de 1428 ; à Munich, de 1431 a 1442 : celles du Musée Walraf, de Cologne, sont également du quinzième siècle, et les deux tablettes d'origine allemande que l'on conserve à la Bibliothèque Impériale, Suppl. latin, n° 1390, ne remontent qu'à la première moitié du dix-septième siècle.

(2) On a cru pendant longtemps qu'elles se rapportaient au règne de Philippe-le-Bel, mais M. de Wailly a prouvé qu'elles remontaient a 1256 et 1257 ; *Nouveaux Mémoires de l'Académie des Inscriptions*, t. XVIII, P. ii, p. 548-558.

(3) Elles ont été publiées dans le t. XXI du *Recueil des historiens des Gaules et de la France*, p. 291-392. Celles qui sont conservées à Reims ont été déchiffrées avec la même intelligence, et seront publiées dans le prochain volume.

(4) C'était certainement aussi un usage romain ; *Tabularius* signifiait même Comptable : Herculanarum decimarum et polluctorum sumptus tabularii supputabant, disait déjà Tertullien (*Apologeticus*, dans les *Opera*, p. 35 D, éd. de Paris, 1634), et Valens voulut qu'il remplaçât *Numerarius* dans la langue officielle ; *Codex Theodosianus*, tit. De numerariis, loi ix. On trouve déjà dans Apollinaris Sidonius, l. iv, let. 11 : *Tabularius in tributis*.

(5) Ces deux mots sont écrits en abrégé, et nous ne voudrions pas en affirmer la lecture.

nostris ac senatus Parisiensis compotorum nostrorum audito-
ribus, loco nostri. In cujus rei testimonium praesentes litteras
dedimus sigilli nostri munimine roboratas. Actum Parisiis, anno
Domini millesimo duocentesimo nonagesimo quarto, mense oc-
tobris (1). Plus de cent ans après, les trésoriers des grandes maisons avaient même encore, en Angleterre, l'usage de noter
leurs dépenses sur des tablettes en cire (2).

Le concile tenu à Sens en 1460 rendit la décision suivante :
Item acceptat decretum de tabula pendente in choro quod in-
cipit : Ut cuncta in domo Dei ordinate procedant, et quilibet
sciat quid agendum imminet, statuatur tabula aliqua continue
pendens in choro, in qua quid per unumquemque ex canonicis
vel aliis beneficiatis, in singulis horis per hebdomadam, aut
majus tempus, legendum, cantandumve sit (3). C'était,
comme on voit, une vieille coutume que le concile acceptait
et remettait en vigueur (4). D'abord, sans doute, ces indications avaient été écrites sur une tablette en cire dont le nom
avait pris une acception spéciale : il était alors bien plus facile
au maître des cérémonies de se prêter aux changements qui
convenaient à ses confrères (5). Selon l'opinion fort probable
d'un écrivain très-versé dans les matières ecclésiastiques, ce
serait même là l'origine du Primicier et l'explication de son
nom : Primicerius eo nomine dictus, quod primus ceris esset

---

(1) *Cartulaire de l'église Saint-Ma-
gloire*, de Paris; B. I., fonds latin,
n° 5413, p. 142. Il y a en tête : Littera
admortizacionis domini Philippi de uno
dolio vini quod nos habemus apud Arcolium.

(2) At countyng stuarde schalle ben,
    tylle alle be brevet of wax so grene
    Wrytten into bokes, without let,
    that before in tabuls hase ben sett;
        Boke of Curtasye, p. 23.

(3) Ch. 1; dans d'Achery, *Spicilegium*,
t. V, p. 592.

(4) Probablement elle s'était beaucoup
mieux conservée dans les monastères : le
chantre y devait Servitium et processio-
nes in festis ordinare, et singula officia
in tabulis scribere ; *Statuta Ordinis Prae-
monstratensis*, P. ii, ch. 5. Les couvents
de femmes avaient eux-mêmes leurs *tables* : Ordonnons qu'il y aura une sœur
députée pour toute l'année pour faire la
table du chapitre; en laquelle table elle
marquera les sœurs qui devront dire les
leçons à matines, les versets, les répons,
les alleluia; dans du Cange, t. VI, p. 483,
col. 3.

(5) Les tables mortuaires étaient aussi
très-probablement restées en cire : Unum
textum argenteum et deauratum, cum....
tabula mortuorum in eodem infixa (Inventaire de 1420); Hugo, *Ordinis Prae-
monstralensis annales*, Preuves, t. II,
col. 591.

praepositus (1). Celte manière d'écrire sur la Table était encore
en usage au prieuré de Saint-Lô, à Rouen, vers 1250 (2), et à
Saint-Martin de Tours en 1393 (3); on la retrouve à la cathédrale de Sens à la fin du quinzième siècle (4), à Notre-Dame
de Laon en 1662 (5); quelques années après, à l'église mé-
tropolitaine de Rouen (6), et immédiatement avant la première
révolution à la cathédrale de Strasbourg (7). Ces différents
exemples prouvent pleinement que ce mode d'écrire était entré
dans les habitudes de l'Église, et son respect de l'autorité la
rend hostile aux nouveautés; elle conserve par principe toutes
les anciennes traditions : ses habitudes d'un jour font foi d'u-
sages séculaires. Rien n'est ainsi plus naturel que ce mot de
tables pour écrire, employé même sans complément, qui re-
vient si souvent dans les romans du moyen âge : c'était l'expression littérale d'un fait que l'on avait sous les yeux tous les
jours. Quand Guillaume au Cornez, fatigué de sa gloire, vient
demander à l'abbé de Genves de le recevoir dans son monastère,
l'abbé s'informe auparavant de ses connaissances :

> Vos estes maistres, vos saves bien escrire?

et Guillaume répond :

> En parchemin et en tables de cire (8).

Le traducteur des *Miracles de saint Eloi* disait aussi au douzième, peut-être même au treizième siècle :

> Lang(u)e, mains, parchemins et chire
> fauroient ains c'on péust dire,
> N'escrire ses fais ne ses dis (9),

(1) Marsilius, *De beneficiorum rediti-
bus*, tit. XV, P. II, cb. 12.

(2) Qui ad missam lectiones vel tractus
dicturi sunt, in tabula cerea scripti primitus recitentur; *Ordinarium*, p. 261,
éd. de Jean Prevôt.

(3) De Moléon (Lebrun des Marettes),
Voyages liturgiques, p. 122.

(4) Lebeuf, *Mémoires de l'Académie
des Inscriptions*, t. XX, p. 278.

(5) Bellotte, *Observationes ad ritus ecclesiae Laudunensis redivivos*, p. 734.

(6) De Moléon, *Voyages liturgiques*,
p. 275.

(7) Wehrs, *Vom Papier*, p. 30.

(8) *Moniage Guillaume*, v, 140; B. de
l'Arsenal, B. L. F. n° 185.

(9) P. 79, col. 2, éd. de M. Peigné-
Delacour.

et ce témoignage est d'autant plus significatif que rien de semblable ne se trouvait dans le passage correspondant de la Vie par saint Ouen (1). Lorsque dans le poëme de Gautier d'Arras Éracles conseille à Phocas de convoquer toutes les jolies filles de son empire à Rome, il lui dit :

> Faites maitre vos briés en cire,
> s'es trametes par vostre empire (2).

On lit également dans *Floire et Blanceflor* :

> Et quand a l'escole venoient,
> les tables d'yvoire prenoient :
> Adonc lor véissiez escrire
> letres et vers d'amors en cire (3);

dans *Floris et Lyriope* :

> Ce mestiers fust pour bien escrire
> et en parchemin et en cire (4);

dans le *Roman de la Rose* :

> Faites i par aucun parler,
> Qui soit messagiers convenables,
> par vois, par letres ou par tables (5),

et dans l'*Orologe de la Mort*, qui ne remonte cependant qu'au quatorzième siècle :

> Les uns apprennent a escripre
> des greffes, en tables de cire ;
> Les autres suivent la coustume
> de fourmer lettres a la plume,
> Et paignent dessus les péaux
> et de moutons et de véaux (6).

Un exemple encore plus moderne se trouve dans un *Mystère*

---

(1) Il disait seulement : Quae nunc non sufficit narrantis evolvere lingua, l. ii ; dans d'Achery. *Spicilegium*, t. V, p 202.

(2) *Eracles*, v. 1924, éd. de M. Massmann.

(3) V. 251. Cela prouve qu'il ne faut pas prendre à la lettre les vers de Chaucer :

> His felaw had a staf tipped with horn,
> A pair of tables all of ivory,
> and a pointel ypolished fetisly;
> *Canterbury tales*, v. 7322.

Le fond des tablettes était en cire.

(4) B. J., fonds de Sorbonne, n° 1422, p. 528, col. 2.

(5) V. 7528.

(6) B. I, n° 7310³, p. 30, col. I. v. 4.

de la Résurrection, joué en 1491 ; l'aveugle qui va être *ren-
luminé* par le Christ, dit à un jeune vagabond qui offre de
lui servir de guide :

> Je te demande, mon enfant,
> Si tu scez lire ne escripre ;

et l'enfant répond :

> Oy dea ! en papier ou en cire (1).

Une foule de témoignages indirects confirment encore ces
preuves ; ainsi, pour attirer les acheteurs, le Mercier disait
dans une pièce qui se proposait de reproduire ses discours habituels :

> J'ai table, greffes et greffiers
> dont ge recois de bons deniers
> De ces clers, de bones maailles (2).

Dans la *Bataille des sept ars,* un poëme tout fictif, sans aucun
autre mérite possible que des allusions continues aux choses
du temps.

> .. li auctor se desfendoient
> qui de grandes plaies lor fesoient
> De canivecons et de greffes (3).

Selon un récit, écrit à l'usage du peuple et dans sa langue la
plus ordinaire, une jeune fille guérie par l'intercession de saint
Louis, cria ausi come se ele fust pointe d'une grefe (4), et
nous lisons dans un de ces romans, où, à propos d'aventures
bien impossibles, on peignait très-réellement les mœurs de
son temps : Lors dist la despite Brohande : Je vous prometz
que ceste pucelle n'est point morte, et je le vous prouveray
tantost. Alors elle print une greffe d'argent, puis commenca a
poindre la pucelle es flans, et es costez, et es reins (5). Dans

---

(1) B. I., n° 972 (nouveau), fol. 49 v°.
(2) *Dit du Mercier,* v. 93, éd. de Robert.
(3) P. 36, v. 250.
(4) *Miracles de saint Louis.* ch. vi ;
dans le *Recueil des historiens des Gaules,*
t. XX, p. 129.

(5) *Perceforest,* t. III, fol. 88 r°, col. 1,
éd. de Paris, 1532. Serveri de Girone
disait aussi dans sa pièce *Qui bon frug :*
Tan non escrius ab grafi ni ab pena,
et l'archevêque Alfric expliquait au onzième siècle *Graphium* ou *Scriptorium,*

un cartulaire de la ville de Provins écrit pendant le treizième et le quatorzième siècle, des tablettes en cire sont cotées à plusieurs reprises parmi les dépenses de la municipalité (1), et Jean de Gênes disait encore au treizième siècle dans son *Catholicon* : Ceratus et Cereus differunt quia Cereum est quod totum ex cera constat, sed Ceratum quod vel linitum vel incrustatum est cera, unde Ceratae dicuntur tabulae in quibus scribitur. Le mot seul de *tabellion* prouverait que ces tablettes étaient restées d'un emploi habituel dans les affaires, et le *greffier* doit aussi son nom à l'instrument ordinaire de ses fonctions, à la *greffe* (2). On voit même assez souvent dans les cabinets de curiosités des tablettes à écrire et des styles appartenant à une époque très-avancée du moyen âge, et le fini du travail, plus encore que le prix de la matière première, ne permet pas de croire que des ouvriers aussi intelligents les eussent entrepris, si le placement n'en eût pas été au moins probable, si la coutume d'écrire comme les Romains avait été entièrement abandonnée. Ainsi, pour ne citer que des exemples accessibles à tout le monde, Wilthemius a publié un pugillaire en ivoire où l'on avait figuré une église de Leyde, qui ne fut bâtie qu'au treizième siècle (3); Montfaucon en a fait connaître deux, représentant, l'un, Aristote bridé et monté par une courtisane; l'autre, l'aventure de Virgile suspendu dans une corbeille (4), et par le costume des personnages et l'imperfection de la main-d'œuvre, ils semblent appartenir à peu près au même temps (5).

par *Græf;* Wright, *A volume of vocabularies*, p. 46 : voy. aussi *Ibidem*, p. 75 et 89.

(1) Bourquelot, *Bibliothèque de l'Ecole des chartes*, ive série, t. II, p. 223.

(2) J. Chartier donnait encore à *Grapharius* le sens d'Ecrivain ; *Bulletin de la Société de l'histoire de France*, 1858, p. 215. On disait aussi *Tablier* comme *Ouvrouer d'escripture* (Lettres de grâce de 1454) : voy. les *Ordonnances des Rois de France*, t. II, p. 66.

(3) *Appendix ad Diptychon Leodiense*, p. 21, et il en mentionne d'autres, également du moyen âge, qui étaient déjà perdues ; *Ibidem*, p. 17. Le diptyque d'ivoire qui recouvre l'office de la fête des Fous, de Sens, que l'on croit du treizième siècle, contenait aussi sans doute primitivement des tablettes à écrire.

(4) *Antiquité expliquée*, t. III, pl. 194.

(5) Autant qu'il est permis d'en juger par une gravure, toujours assez suspecte, que n'accompagne aucune explication, le pugillaire donné, *Ibidem*, d'après Spon, nous semble antique.

Les plaques d'ivoire, si habilement sculptées, du Cabinet des médailles (1) et du Musée de Cluny (2), ont sans doute recouvert des tablettes à écrire : d'autres, incrustées maintenant dans la couverture de quelques livres, avaient aussi probablement été faites pour orner des diptyques, et le sujet de la plupart est chrétien (3). Quelquefois même le doute est impossible : il y a au Musée de Cluny un style en ivoire, du quatorzième siècle, dont le sommet est formé par une dame portant un petit chien et un seigneur tenant un faucon, que supporte une espèce de chapiteau destiné à effacer les caractères (4), et une tablette, également en ivoire, qui paraît du quinzième, où sont représentés la Crèche et les Bergers conduits par une étoile (5). Ce mode d'écriture n'est pas même encore tombé dans une désuétude complète : il s'est conservé sans raison sensible dans quelques endroits, comme pour attester qu'il était autrefois d'un usage général. Au commencement de ce siècle, les sauniers de Halle en Souabe continuaient à se servir pour leurs comptes de tablettes en cire (6), et au marché au poisson de Rouen, c'est sur une de ces tablettes, dont nous publions le dessin à la fin de cette étude, que le préposé à la vente inscrit encore aujourd'hui ses adjudications.

S'il ne s'agissait ici d'une de ces questions en dehors de la vraisemblance et de la logique ordinaires, nous la croirions incontestablement décidée. Mais si multipliés que soient les témoignages d'une vieille coutume, ils sont séparés par de grandes lacunes; la chaîne de la tradition reste forcément interrompue, et quand la persistance de l'habitude paraît singu-

(1) N° 3270, du treizième siècle : il représente le Jugement dernier, l'Adoration des Mages et un troisième sujet où l'on a cru reconnaître le Christ et les quatre évangélistes.

(2) N°s 413 et 414, du quatorzième siècle, et n° 425, du quinzième : ils représentent tous trois la vie et la Passion du Christ.

(3) Nous citerons entre beaucoup d'autres la Judith des *Epitres de saint Paul*, de Saint-Maximin de Trèves, et le Christ de l'*Evangélinire*, de Saint-Jean de Besançon.

(4) Inscrit sous le n° 408.

(5) N° 430.

(6) Gräter, *Bragur*, t. III, p. 524. Elles ont été publiées par Petrus de Ludewig, *Vita Justiniani*, p. 185.

lière, on y voit volontiers des faits isolés, particuliers à quelques érudits, qui, dans leur amour fantasque du passé, se sont plu à renouveler des usages abandonnés depuis des siècles. Quelques esprits prévenus pourraient donc demander un supplément de preuve. A une époque assez reculée du moyen âge, l'ancien mode d'écriture avait été définitivement condamné par une invention nouvelle : le papier de chiffon coûtait moins cher que les tablettes en cire et tenait bien moins de place ; l'écriture y était plus rapide et plus nette ; il fatiguait moins la vue, convenait seul aux ouvrages un peu longs, et permettait de multiplier plus facilement les autres. S'il était vrai que malgré tous ces avantages on se fût obstiné à écrire sur des tablettes en cire, ce ne serait pas sans doute le seul exemple d'un entêtement si déraisonnable, et l'on devrait prouver en même temps que le public du moyen âge avait persévéré dans d'autres usages aussi positivement réprouvés par le progrès de l'industrie et le changement des idées.

Le christianisme avait la prétention de renouveler l'ancien monde : toutes les pratiques, toutes les superstitions, toutes les dénominations païennes que l'Église n'avait pas adoptées en les baptisant, au moins pour la forme (1), étaient devenues un danger public et un scandale. Mais les conciles avaient beau

---

(1) Voy. saint Grégoire, *Epistolarum* l. xi, let. 76. Fauchet avait toute raison de dire : Les ecclesiastiques employoient tous moyens pour gaigner des hommes à Jesus Christ, se servans d'aucunes des ceremonies payennes, aussi bien que des pierres de leurs temples demolis : et lesquelles employées aux bastimens de nos eglises n'estoient plus membres d'idoles ; *Antiquit z gauloises*, l. II, ch. xix, fol. 59 v°. Le pieux et savant Casaubon n'est pas moins positif : Multa nomina superstitionis antiquae, multi ritus et ceremoniae in Ecclesia retentae, sed pia adhibita interpretatione, omnia in melius versa, planeque, pertinaci paganismo, mutatione subventum est, cum rei in totum sublatio potius irritasset ; Exercitatio xvi ad *Annales ecclesiasticas Baronii*, par. 43. Ainsi, pour sortir des généralités, la cathédrale de Cahors était un temple de Mercure, et le tombeau de saint Géry, son consécrateur, a été formé d'un ancien autel où l'on voit encore une petite idole païenne ; Cathala-Couture, *Histoire du Querci*, t. I, p. 6. L'église de Saint-Minerve, en Auvergne, a commencé aussi par être un temple de Minerve, et un hibou, sculpté sur l'autel, témoigne encore de sa première destination. Le superbe camée du Cabinet des médailles (n° 4), qui représente Jupiter, a très-honorablement figuré dans la cathédrale de Chartres, parce que, l'aigle aidant, on le prenait pour une représentation de saint Jean l'Evangéliste.

les proscrire et menacer d'excommunication les chrétiens trop
fidèles aux usages de leurs ancêtres, l'habitude était la plus
forte, et après dix-huit siècles d'ère chrétienne et de révolu-
tions qui ont retourné la société comme un soc de charrue,
il nous reste assez de coutumes latines pour rendre une incrédulité systématique ridicule. Les Romains se visitaient le premier jour de la nouvelle année et s'offraient réciproquement
de petits cadeaux, où, grâce à un jeu de mots, ils se plaisaient
à voir un symbole de bonne santé (1). Ces étrennes étaient
sous la protection d'une de ces mille déesses que le paganisme
avait toujours à sa disposition (2), et l'Église gallicane se crut
obligée, dès les premiers temps, de les proscrire comme des
choses diaboliques (3). Au douzième siècle, l'évêque de Paris,
Maurice, s'élevait aussi contre les observances du jour de
l'an : Hui suelent entendre a malvais gens faire et mettent
leur creance en estrenes, et disoient que nus resteroit riche en
l'an s'il n'estoit hui estrenés (4). Mais si multipliées, si mena-
çantes que fussent ces défenses, l'usage des étrennes subsista
en Europe durant tout le moyen âge (5), et cependant on n'i-

(1) *Strena* signifiait en langue sabine,
Santé (Lydus, *De magistratibus*, l. I,
ch. IV, par. 3 ; Otfried Müller, *Die
Etrusker*, t. I, p. 43), et *Strenuus* prouve
que ce mot était connu au moins des
vieux Romains.

(2) Ab exortu paene urbis Martiae
strenarum usus adolevit, auctoritate Tatii
regis, qui verbenas felicis arboris ex luco
Strenuae anni novi auspices, primus ac-
cepit ; Symmaque, *Epistolarum* l. X,
let. XXVIII, p. 262. éd. de Paris, 1604.
On lit d'ailleurs dans Festus, *De ver-
borum significatione* : Strenam vocamus
quae datur religiosa die ominis boni gratia ; p. 248. éd. de Lindemann.

(3) Non licet kalendis januarii vetula
aut cervolo (*sic*) facere vel strenas diabolicas observare ; Concile d'Auxerre
de 578, ch. 1 ; dans Sirmond, *Concilia
antiqua Galliae*, t. I, p. 362. Nullus
christianus… strenas aut bibitiones su-
perfluas exerceat ; saint Éloi, *Sermo ;*

dans d'Achery, *Spicilegium*, t. V, p. 215-
219. Sunt qui…, diabolicas strenas et ab
aliis accipiunt et ipsi aliis tradunt ; Ivo,
Decreti P. XI, ch. 16 : voy. aussi le second synode de Tours, ch. XXIII. Fausti-
nus. dont la patrie est incertaine, disait
également dans un sermon pour les calendes de janvier : Diabolicas strenas et
ab aliis accipiunt et ipsi aliis offerunt ;
Acta Sanctorum, Janvier, t. I, p. 3.

(4) *Sermon sur la Circoncision ;* dans
l'abbé Lebeuf, *Recueil de divers écrits*,
t. I, p. 307. *Étrenne* s'employait même
dans le sens général de Présent :

Lasse' cum dolorose estreine
Fui née, en cest siecle, de mere ;

Vie du pape Grégoire-le-Grand, p. 78.
éd. de M. Luzarche.
Dans le ms. de la B. I., n° 7588[2], il y a
aussi, avec une variante d'orthographe
indifférente, *Con*, Avec.

(5) Rex autem regalis magnificentiae
terminos impudenter transgrediens, a ci-

gnorait ni leur origine ni leur ancienne nature (1) : elles avaient même conservé à Marseille un nom qui en faisait une sorte de manifestation païenne (2). Encore aujourd'hui les prêtres ne craignent point d'en recevoir, et l'on continue, dans les familles les plus rigides, à se souhaiter une bonne année comme en plein paganisme (3).

Pendant les Saturnales, les maîtres oubliaient leur supériorité et dînaient avec leurs esclaves (4) ; selon l'usage habituel des Anciens, il y avait un roi du festin (5), et l'on continua durant tout le moyen âge à célébrer le commencement de l'année par d'étranges libertés (6), et un banquet, présidé aussi

vibus Londinensibus quos novit ditiores, die Circumcisionis dominicae, a quolibet exigit singulatim primitivas quae vulgares *Nova dona novi anni* solent appellare ; Matthieu Paris, *Historia major*, ann. 1240, p. 757, éd. de 1641.

Strenam libella ; fac strenam mala rubella ;
   Bernhardus, *Palponista*, cah. c, fol. iv.

Bacon a dit dans sa honteuse confession : I confess and declare that I received at new year's tide 100 l. from Sir John Trevor ; and because it came as a new year's gift I neglected to inquire whether the cause was ended or depending. Puis en parlant d'une autre accusation : The ring was received certainly *pendente lite;* and though it were at new year's tide, it was too great a value for a new year's gift. Nous devons cependant reconnaître que le même usage semble avoir existé en Chine, bien indépendamment des traditions romaines : Si tu existais encore, je t'aurais donné une autre toilette pour passer le nouvel an ; *Kouan-fou-youan* (Élégie sur la mort d'une épouse); dans les *Avadânas*, t. II, p. 175, trad. de M. Stanislas Julien. On lit aussi dans un livre faussement attribué à Ibn Wacif Schâh : Es war eine Sitte der Coptischen Könige, an jedem Neujahrstage die Magazine zu öffnen, all Kleidungsstücke und Teppiche herausbringen zu lassen und an die Truppen zu vertheilen ; Wüstenfeld, *Orient und Occident*, t. I, p. 340.

(1) Strenae praeterea nitent
    plures aureolae munere regio,
  Olim principibus probis

Jani principiis auspicio datae ;
Metellus, *Quirinalia* (XIIe siècle); dans Canisius, *Lectiones antiquae*, t. IV, p. 121, éd. de Basnage.

(2) On les appelait *pompes ;* Marchetti, *Explication des usages et coustumes des Marseillois*, t. I, p. 257.

(3) Prospera lux oritur ; linguisque animis-
            [que favete ;
  nunc dicenda bono sunt bona verba die ;
Ovide, *Fastorum* l. I, v. 71, et *Ibidem*, v. 175 :

At cur laeta tuis dicuntur verba kalendis,
  et damus alternas accipimusque preces!

Dans son *Kleine Schriften*, t. III, pl. iv, Böttiger a publié une lampe antique sur laquelle on lit *Anno novo faustum felix tibi*. Voyez aussi Bellori, *Numus Antonianus novi anni auspicia exhibens*, et Rossi, *Gemme antiche figurate*, t. I, p. 113.

(4) Instituerunt diem festum, non quo solo cum servis domini vescerentur, sed quo utique honores illis in domo gerere, jus dicere permiserunt, et domum pusillam rempublicam esse judicaverunt ; Sénèque, *Epistola* XLVII. Festis Saturno diebus inter alia aequalium ludicra, regnum lusu sortientium ; Tacite, *Annales*, l. XIII, ch. 15.

(5) Les Grecs l'appelaient βασιλεὺς τοῦ συμποσίου, et on le trouve déjà dans Aristophane, *Acharnenses*, v. 1224. Horace disait aussi, *Odarum* l. I, od. IV, v. 18 :

  Nec regna vini sortiere talis.

Apollinaris Sidonius connaissait aussi cette royauté du festin ; l. IX, let. 13 ; dans Sirmond, *Opera*, t. I, col. 1111.

(6) Ce qu'on appelait *libertas decembrica.*

par un roi d'aventure (1), qu'une de ces associations d'idées si naturelles au peuple fit transporter au jour des Rois (2). On y mangeait, comme chez les Romains, couché (3) et une couronne sur la tête (4) : seulement ce n'était plus Vénus, la déesse des voluptés mauvaises, que l'on priait de désigner le maître du festin (5), ni même la chaste Phœbé, mais le vrai Dieu (6), et la valeur attribuée à la fève rappelait aux convives qu'ils devaient rester sobres, malgré les séductions de la bonne chère et les entraînements de la fête (7). Pour attirer

(1) La nuit de l'an, au roi du couvent (en 1535) ; de La Fons de Mélicoq, *Cérémonies dramatiques dans le nord de la France*, p. 4. Selon la *Chronique* d'Egidius li Muisis, on élisait en 1281, et d'après une ancienne coutume, un roi du festin à l'abbaye Saint-Martin de Tournai ; de Reinsberg-Düringsfeld, *Calendrier belge*, t. I, p. 21. Voy. aussi nos *Origines du théâtre moderne*, p. 27, note, et ci-dessous note 3.

(2) On faisait certainement les Rois à la romaine au treizième siècle, puisque Guillaume de La Villeneuve disait dans les *Crieries de Paris*, v. 165 :

Gastel a feve orroiz crier,

et les témoignages se suivent sans interruption jusqu'à nos jours. Ainsi nous lisons dans Gauthier de Coincy, *Miracles de la Vierge*, col. 188 :

Tel feste fait et tel criéc,
com se la feve avoit trouvée ;

dans les *Sept articles* de Jean de Meung :

Tu treuves au gastel la feve ;

dans Bonaventure des Périers, *Cymbalum mundi*, p. 101, éd. de 1732 : C'est moy qui ay trouvé la feve du gasteau, et dans Regnier, sat. vii, v. 87 :

Pensant avoir trouvé la febve du gasteau,
et qu'au sérail du Turc il n'est rien de si beau.

Cette célébration archéologique était si générale, que dans une année de disette, en 1740, afin de ménager la farine pour des besoins plus réels, le Parlement de Paris crut devoir défendre de fabriquer, vendre, débiter aucuns gâteaux des Rois, soit pour vendre ou faire des présents : voy. l'arrêt dans les *Variétés historiques et littéraires*, t. V, p. 239. Ces gâteaux s'appelaient, pendant la première République, *Gâteaux du Directoire* : voy. l'annonce piquante d'un pâtissier dans la *Quotidienne* du 5 janvier 1797.

(3) In quibus (les banquets du jour de Noël qui commençait alors l'année) imperator pariter et convivae, non sedendo, ut ceteris diebus, sed recumbendo, epulantur ; Luitprand, l. VI, ch. iii, p. 109, éd. d'Anvers, 1640.

(4) Quand des Rois approche la feste
sachez a qui je m'embesogne ;
je m'en vais crier : Des couronnes,
pour mettre aux rois dessus leurs testes !
Les Cris de Paris.

C'était l'usage dans l'Antiquité classique : nous citerons seulement Aristophane, *Ecclesiazusae*, v. 131-134 ; Plutarque, *Symposium*, par. v ; Horace, *Odarum* l. I, od. iv, v. 9, et Martial, l. V, ép. lxiv, v. 3-4. Voy. Lanzoni, *De coronis et unguentis in Antiquorum conviviis*, trad. de Baruffaldus.

(5) Quem Venus arbitrum
dicet bibendi !
Horace, *Odarum* l. II, od. vii, v. 25.

On se servait de dés, et le roi était désigné par la face marquée *Vénus*.

(6) Probablement l'enfant qui distribuait les gâteaux n'avait d'abord invoqué que *Phoebe*, mais les autres convives le reprenaient et disaient *Domine* : voy. les *Mémoires de l'Académie celtique*, t. II, p. 65, et de Reinsberg-Düringsfeld, *Calendrier belge*, t. I, p. 21. Voilà sans doute pourquoi les gâteaux des Rois sont ronds : ceux, très-variés de goût, que l'on fait en France, comme le *Cake of the twelfthe day* et le *Fuatcha grassa*.

(7) Dans les pays où l'on tenait beaucoup moins à pratiquer la sobriété, en Franconie par exemple, ce n'était pas

sur la ville la faveur des dieux, on y promenait solennellement tous les ans un taureau par les rues (1), et nous avons encore, au printemps (2), la promenade du Bœuf-gras (3). Le plus beau semble seul digne de sa destination (4); on le pare comme une victime (5), et le cortége qui l'accompagne au bruit des instruments (6), rappelle l'ancienne pompe. Quelques-uns de ses conducteurs sont même habillés, ainsi qu'à Rome, en sacrificateurs, et on l'immole aussi à la fin de la cérémonie (7). On brise encore machinalement, par une superstition dont on n'a même plus le sentiment, la coquille des œufs que

---

une fève qui désignait le roi, mais une pièce de monnaie; Boemus Aubanus, *Omnium gentium mores*, l. III, p. 215, éd. de 1535. Cette fève pourrait cependant être elle-même une tradition romaine ; Ovide dit à propos des banquets où l'on célébrait la nouvelle année :

Pinguia cur illis gustentur larda kalendis
  mixtaque cum calido sit faba farre, rogas ;
      Fastorum l. VI, v. 169.

(1) Populus Romanus cum lustratur suovetaurilibus, circumaguntur verres, aries, taurus; Varron, *De re rustica*, l. II, ch. I, par. 10. Peut-être ce taureau était-il une représentation mythique de Bacchus, le dieu de la Fécondité : φάνηθι ταῦρος (Euripide, *Bacchae*, v. 1017); (Liberum Patrem) in Campania tauriformem celebrant Hebonem; Macrobe, *Saturnaliorum* l. I, ch. 18. Ce mythe était aussi connu de Plutarque, βοῦς βουκέρως, βοέῳ ποδί; *Quaestiones Graecae*, par. XXXV, et d'Athénée, ταυρόμορφος, l. XI, p. 476. On l'appelait même ταῦρος, ταυρωπός, διχέρως : voy. Schwenck, *Etymologische mythologische Andeutungen*, p. 165.

(2) Lorsque les travaux agricoles étaient terminés : Apud Graecos servatum custoditumque, ne bovem aratorem, qui jugum traheret, vel cum aratro, vel cum plaustro, mactarent; Elien, *Variarum historiarum* l. V, ch. 14.

(3) C'était dans le nord de la France et à Auvers, pendant le carnaval; à Aix, la veille de la Pentecôte; à Marseille, la veille et l'avant-veille de la Fête-Dieu; en Espagne, la veille et le jour de la fête de saint Marc.

(4) Ce n'est pas seulement pour encourager l'agriculture qu'a lieu le concours de Poissy; on lisait dans un inventaire ancien des titres de Saint-Sulpice (Cher) : Lequel (le maistre visiteur des chairs) après collection faicte par le commissaire susdict des voix et arbitres à ce apelés, a raporté et jugé le bœuf exhibé par Anthoine Berthier l'aisné, estre le plus gras et suffisant pour estre mené et violé à la manière accoustumée; dans Jaubert, *Glossaire du centre de la France*, t. I, p. 151.

(5) Juvénal disait, sat. X, v. 65 :
Pone domi lauros, duc in Capitolia ma-
Cretatumque bovem.   [gnum
A la fête appelée *Testaccio*, qu'on célébrait à Rome pendant le quatorzième siècle : Ognuno dei tredici quartieri, ne' quali era allora Roma divisa, facea andare pel suo rione in giro un bel toro colle corna indorate e la testa coronata di fiori ; Manzi, *Discorso sopra il gli spettacoli, le feste ed il lusso degl' Italiani nel secolo XIV*, p. 27.

(6) On l'appelle *villé*, *viélé*, *violé* : c'est cette dernière forme qu'avait adoptée Rabelais, *Gargantua*, l. I, ch. 22. En Allemagne, à Rostock, le Bœuf-gras s'appelait aussi *Piep-Ochs*, lit. Bœuf flûté ; Schmidt, *Untersuchung der Fastel-Abends-Gebräuche*, p. 119, note 79, seconde édition.

(7) Quia boves solent in sacrificia daemonum multos occidere, debet eis etiam hac de re aliqua solemnitas inmutari.... nec diabolo jam animalia immolent, sed ad laudem Dei in esu suo animalia occi-

l'on vient de manger (1), et il y avait naguère des provinces où les enfants chassaient les revenants en jetant des fèves (2). En Espagne, on pense faire un acte de dévotion en embrassant le pouce de sa main droite (3); on brûle en Italie, la veille de Noël, des feuilles de laurier (4), et l'on ne croirait pas, dans le Cotentin, avoir suffisamment fêté la Toussaint, si, selon une tradition païenne (5), on n'y avait fait de la galette de blé noir (6). Au seizième siècle, on continuait à appeler Dieu *Ju-*

dant, et donatori omnium de satietate sua gratias referant; saint Grégoire, *Epistola ad Mellitum;* dans Béde, *Historia ecclesiastica,* l. 1, ch. 30. Othlon disait encore dans le second livre de sa Vie de saint Boniface : Pro sacrilegis itaque presbyteri habendi qui tauros et hircos diis paganorum immolant. Le laurier était, comme on sait, consacré à Bacchus : Laurea ista Appolloni vel Libero sacrata est : illi ut deo telorum; huic, ut deo triumphorum; Tertullien, *De corona militis,* par. XII. Aussi les maisons étaient-elles, à Rome, ornées de laurier les jours où le taureau sacré était promené par les rues (voy. note 5, p. 34), et l'on attache encore des branches de laurier enrubannées à tous les morceaux du Bœuf-gras.

(1) Huc pertinet ovum, ut exsorbuerit quisque, calyces cochlearumque, protinus frangi, aut eosdem cochlearibus perforari ; Pline, *Historiae naturalis* l. XXVIII, ch. 4. Thiers disait dans son *Traité des superstitions* : Briser les coques des œufs mollets, après en avoir avalé le dedans, afin que nos ennemis soient ainsi brisés. Je sais que bien des gens pratiquent cette superstition sans penser à aucun mal, mais je sais aussi qu'il y en a qui la pratiquent pour l'effet que je viens de dire. Peut-être est-ce aussi par un très-vague souvenir de la superstition romaine qu'on ne jette pas les coques d'œufs au feu, dans la crainte de brûler saint Laurent une seconde fois (de Nore, *Coutumes de France,* p. 221), ou d'empêcher la poule de pondre (en Belgique) ; Wolf, *Beiträge zur deutschen Mythologie,* t. I, p. 221, n° CCXXXIII.

(2) Dacier, *In Pauli Diaconi excerpta commentarii,* p. 426, éd. de Lindemann. Varron disait déjà, *De vita populi Romani,* l. I : Quibus temporibus, in sacris fabam jactant noctu, ac dicunt se lemures domo extra januam ejicere : voy. aussi Ovide, *Fastorum* l. v, v. 436 et suivants.

(3) C'était ainsi qu'on adorait Vénus : Admoventes oribus suis dexteram, primore digito in erectum policem residente, ut ipsam prorsus deam Venerem, religiosis adorationibus venerabantur; Apulée, *Metamorphoseon* l. IV.

(4) Rosa, *Dialetti, costumi e tradizioni di Bergamo e di Brescia,* p. 107. A une fête que l'on célébrait à Rome, pendant le moyen âge, en présence du pape, le samedi de la semaine de Pâques, un prêtre, suivi de deux acolytes, allait asperger les maisons d'eau bénite et jeter des feuilles de laurier dans le feu : voy. la citation de du Cange, *Glossarium,* t. II, p. 608, col. 1. Ovide disait, en parlant de la fête principale des laboureurs, *Fastorum* l. IV, v. 742 :

Et crepet in mediis laurus adusta focis.

(5) Hodie sacra prisca, atque Natalium, pulte fritella conficiuntur; Pline, *Historiae naturalis* l. XVIII, ch. 8 (19).

(6) Matfre Ermengau disait au quatorzième siècle :

Frayres Matfres a sa cara seror
salutz corals en Dieu, nostre senhor :
Car aquest jorn de la nativitat
del filh de Dieu, est mot acostumat,
Co tu sabes, quez om fassa presen
a sos amics de neulas am pimen;
dans Bartsch, *Denkmäler der provenzalischen Litteratur,* p. 81.

A la fête de Cornumannia, dont nous parlions dans l'avant-dernière note, les prêtres distribuaient aux enfants de chaque maison, *Nebulas,* des Oublies, ou plutôt des Crêpes, comme le *Neulas* d'Ermengau. En Belgique, on mange aussi un jour de fête, habituellement le mardi-gras.

piter (1), et l'on jure encore en Normandie par son nom (2); la chasse fantastique, attribuée autrefois à Hécate, s'y nomme toujours Chasse de Proserpine (3), et les ruisseaux sont restés en Auvergne des Naïades (4). Les gens instruits croient, au moins en paroles, aux bons et aux mauvais auspices (5), et semblent encore considérer l'éternument comme un fâcheux présage (6); le peuple ne se marie pas volontiers pendant le

des crêpes (*koekebaken*) ou des galettes de sarrasin (*boekweikoeken*). A Furnes, c'est le jour de la Chandeleur, qu'on appelle même a cause de cela : *Onze lieve Vrouw roert de pan*, Notre chère Dame remue la poêle, et cet usage avait dû être général, puisque nous lisons dans une des superstitions recueillies par Thiers : Faire ce qu'on appelle des *crêpes* ou bignets, avec des œufs, de l'eau et de la farine, pendant la messe de la fête de la Purification, en sorte qu'on en ait de faites après la messe, afin de ne point manquer d'argent toute l'année; *Superstitions anciennes et modernes*, p. 81, col. 1, éd. de 1733.

(1) Seeing Faustus hath incurr'd eternal
                        [death
By desperate thoughts against Jove's
                        [deity ;
Marlowe, *The tragical history of doctor Faustus*, act. I.

Pulci disait même dans le *Morgante maggiore*, ch. II, st. I :

O sommo Giove, per noi crocifisso !

(2) *Perjou :* la plante connue sous le nom de *Barba Jovis*, s'y appelle *Joubarbe*. En Bourgogne, ou dit aussi *Jeu !* au lieu de *Dieu !* pour exprimer un étonnement extrême; Désiré Monnier, *Traditions populaires comparées*, p. 46. Saint Éloi disait dans son sermon sur les croyances païennes encore en usage : Nullus diem Jovis absque festivitatibus sanctis, nec in maio, nec ullo tempore in otio observet, et ce n'était pas un excès de zèle inutile, comme le prouve un passage de Grégoire de Tours, *Historia ecclesiastica Francorum*, l. II, ch. 29. Quintam feriam in honorem Jovis honorasti, disait aussi un décret synodal, recueilli par Burchard; dans Grimm, *Deutsche Mythologie*, Superstitions, p. XXXVII, 1re édit. Le souvenir d'une résistance opiniâtre de son culte à l'établissement du christianisme se conservait encore au milieu du dernier siècle à Hildesheim. Au moyen d'une contribution appelée *Jupitersgeld*, on y plantait un poteau recouvert d'un manteau et surmonté d'une couronne, et, après l'avoir renversé à coups de pierres, on le brûlait joyeusement; *Hannoversche Landesblätter*, 1833, p. 30.

(3) Amélie Bosquet, *Normandie romanesque et merveilleuse*, p. 63.

(4) Qu'au plasei d'eicouta marmonta dins
                       [la prada,
Entre de petits rocs, la cliareta naiada!
         Pasturel, *L'Home conten*, st. X.

(5) Ad primam vocem timidas advertitis aures
    et visam primum consulit augur avem;
        Ovide, *Fastorum* l. I, v. 179.
Saint Éloi disait dans le sermon que nous a conservé saint Ouen : Nullus observet... qualis avis cantus garriat vel quid etiam portantem videat, quia qui haec observat ex parte paganus dignoscitur; dans d'Achery, *Spicilegium*, t. V, p. 218. Lorsque (dans la Montagne noire) on médite un projet, s'il vient à passer près de soi des oiseaux en nombre pair, c'est une preuve qu'on réussira. Si le nombre est impair, c'est une marque de non-succès; de Nore, *Coutumes des provinces de France*, p. 101. Thiers a recueilli aussi cette superstition : Si en chemin faisant nous trouvons un certain nombre de pies ou d'autres oiseaux à notre gauche. C'est probablement le reste d'une superstition défendue par un décret spécial, antérieur au onzième siècle : Si cornicula ex sinistra eorum in dexteram illis cantaverit, inde se sperant habere prosperum iter; dans Grimm, *Deutsche Mythologie*, Superstitions, p. XXXVIII : voy. aussi Jean de Salisbury, *De nugis curialium*, l. I, ch. 13.

(6) Quae si suscipiamus, pedis offensio nobis et abruptio corrigiae et sternuta-

mois de mai (1), et pour donner une idée frappante d'une femme irritée, dont l'œil flamboie et le geste menace, nous disons qu'*elle est en Furie*. Le respect que l'on porte à ses morts de la veille, aurait dû au moins les préserver de ces ridicules souvenirs, et l'on a mis dans le tombeau de Charlemagne un bas-relief en marbre représentant l'enlèvement de Proserpine aux Enfers (2). Les païens avaient grand soin de munir les morts d'une obole pour payer le passage du Styx, et Thiers a recueilli cette formule dans son savant livre : Ceux-là tombent encore dans la superstition, qui mettent la plus grosse pièce d'argent qu'ils peuvent avoir, dans la main droite du mort, lorsqu'on l'ensevelit, afin qu'il soit mieux reçu dans l'autre monde (3). Malgré les défenses de l'autorité ecclésiastique et sa surveillance, cet usage avait traversé tout le moyen âge (4), et existe encore sans doute dans quelques campagnes reculées (5). Ces souvenirs de la vieille religion étaient même res-

---

menta erunt observanda; Cicéron, *De divinatione*, l. II, ch. 40. Giton, collectione spiritus plenus, ter continuo ita sternutavit, ut grabatum concuteret. Ad quem motum Eumolpus conversus, salvere Gitona jubet; Pétrone, *Satyricon*, fragm. XCVIII. Similiter et auguria vel sternutationes nolite observare; saint Ouen, *Sancti Eligii Vita*, l. II; dans d'Achery, *Spicilegium*, t. V, p. 215. A la fin du capitulaire de Karloman, daté des Estinnes, (apud Leptinas), 743, il y a un *Indiculus paganiarum*, dont le ch. XIII est intitulé : *De auguriis vel avium, vel equorum, vel bovum stercore, vel sternutatione.*

(1) Pour le peuple, c'est à cause du mois de Marie, de la Vierge, qu'on ne respecterait pas suffisamment; mais il est au moins très-probable que cette répugnance tient à une superstition romaine.

Si te proverbia tangunt,
mense malas Maio nubere vulgus ait,

disait Ovide, *Fastorum* l. v, v. 489 : voy. aussi Plutarque, *Quaestiones romanae*, par. LXXXVI. Cette superstition existait aussi en Italie au milieu du dix-huitième siècle (Carmelli, *Storia di varj costumi*, t. II, p. 221), et se trouve encore

en Angleterre (*Notes and Queries*, t. I, p. 467) et en Écosse; *Statistical account of Scotland*, t. XVIII, p. 122. On appelle même dans le Berry *Mariage de Mai*, une union conjugale formée sous de mauvais auspices; Jaubert, *Glossaire du centre de la France*, t. II, p. 270.

(2) Il se trouve encore à Aix-la-Chapelle, dans l'église où Charlemagne avait voulu être enterré. On avait déposé en même temps dans son tombeau un morceau de la vraie croix et une boucle de cheveux de la Vierge.

(3) Cité par M. Liebrecht dans sa très-curieuse édition d'une partie de l'*Otia imperialia*, p. 224, n° LXVI.

(4) Sauval, *Antiquités de Paris*, t. II, p. 336; Lebeuf, *Dissertations sur l'histoire du diocèse de Paris*, t. I, p. 287; Melleville, *Histoire de la ville de Laon*, t. I, p. 179; Richard, *Traditions populaires de l'ancienne Lorraine*, p. 115, etc. Cet usage s'était même conservé à Rome; Boldetti, *Osservazioni sopra i cimeterj di Roma*, l. XI, ch. XIII, p. 495; Marangoni, *Cose gentilesche ad uso delle Chiese*, ch. LXXIII, p. 381-385.

(5) De Nore, *Coutumes des provinces de France*, p. 198, 243, 291. Un autre

tés si vivants qu'au douzième siècle on tenait à être enterré dans la plaine d'Arles, qu'une ressemblance de nom faisait confondre avec le paradis des Anciens (1). Il n'est pas jusqu'aux sacrifices, dont la tradition ne se soit conservée dans les gâteaux sucrés en forme de bouc ou de pourceau, qui se faisaient autrefois en Allemagne dans le temps de Noël (2) : le doute est ici d'autant plus difficile, qu'à une époque où la dévotion aux dieux du paganisme s'était déjà bien refroidie, on leur offrait, au lieu de véritables animaux, des gâteaux qui les représentaient (3), ou en figuraient au moins une partie (4).

Quelques vestiges de la religion païenne s'étaient même conservés sans aucun déguisement. Le culte de Diane subsistait au milieu du christianisme (5), et quoiqu'on mît la sorcel-

---

usage des funérailles romaines a persisté aussi malgré ce qu'il avait de choquant pour les douleurs réelles : Ressemblant au gueux, lequel interrogé s'il vouloit gaigner une pièce d'argent pour estre des pleureux à un enterrage, respondit ne pouvoir plorer, mais qu'il ne laisseroit pas d'estre bien marry ; du Fail, *Contes d'Eutrapel*, t. I, p. 192. Ces pleureurs à gages se retrouvaient naguère encore dans le Midi, et on lit dans la traduction de Quevedo : Quatre seculiers, vestus de grandes robes de frize noire, et affublez de capuchons comme ceux qu'on appelle Pleureurs, qui vont par la ville de Paris faire les semonces des enterrements ; *Le Coureur de nuit ou l'avanturier nocturne*, dans les *OEuvres*, t. I, p. 155, éd. de Bruxelles, 1698.

(1) *Aleschans*, *Aliscans*, Elysii campi. Solent... corpora mortuorum a longinquis regionibus fluminis Rhodani dimitti cum pecunia sigillata, quae coemeterio tam sacro (Campi Elisii), nomine eleemosynae, confertur; Gervasius de Tilbury, *Otia imperialia*, P. III, ch. xc, p. 990.

(2) Figurati et melliti panes, qui tempore nativitatis Christi hodieque conficiuntur, et figuram plerumque referunt animalium, verris, hirci, et similium ; Westphalius, *Monumenta inedita Mecklemburgensia*, t. I, préf. p. 17, note O : voy. une dissertation fort curieuse de Gedike sur la confiturerie plastique des Anciens et des Modernes dans le *Berliner Monatschrift*, Janvier, 1784, p. 77 et suivantes. Peut-être même le souvenir des sacrifices humains s'était-il aussi conservé ; car, à une époque assez rapprochée, ils étaient encore très-réels (voy. Lactance, *De falsa religione*, l. i, ch. 21 ; Minucius Felix, *Octavius*, par. xxx, p. 175, éd. de Cambridge, 1707 ; Tite-Live, l. xxii, ch. 57, et Lucain, *Pharsalia*, l. i, v. 444-446), et l'on fait encore des gâteaux figurant un homme, appelés *Bourettes* à Valognes et *Cochelins* à Bonneval ; *Mémoires de l'Académie celtique*, t. IV, p. 429.

(3) Quum de animalibus quae difficile inveniuntur, est sacrificandum, de pane vel cera fiunt et pro veris accipiuntur; Servius, *Ad Aeneidos* l. ii, v. 116, et il le répète en termes un peu différents, l. iv, v. 512. On lit même dans Polydore Virgile : Sic pro bove, sic pro equo, sic pro ove, oscilla (ex cera) templis ponimus (en Italie)... auctore Catone de Re rustica, sic Romanorum moris fuit, pro bobus, ut valerent, vota facere ; *De inventoribus rerum*, l. V, ch. i, p. 298, éd. d'Amsterdam, 1671.

(4) Ὥσπερ ὁ βοῦς, πέμμα γάρ ἐστι κέρατα ἔχον πεπηγμένα, προσφερόμενον Ἀπόλλωνι, καὶ Ἀρτέμιδι, καὶ Ἑκάτῃ, καὶ Σελήνῃ; Pollux, *Onomasticon*, l. vi, par. 76.

(5) Nullus (christianus) nomina daemo-

lerie sous son invocation (1), on la célébrait jusque dans l'église Saint-Paul de Londres (2). C'était encore au seizième siècle une croyance populaire que Vénus tenait sa cour sur le Hœrselsberg, près d'Eisenach, et l'on nommait plusieurs chevaliers qu'elle y avait accueillis avec son amabilité ordinaire (3). Il n'y a pas cent ans que les femmes célébraient à Ochsenbach, comme en plein paganisme, le culte de la Bonne Déesse (4), et dans un des faubourgs de Valognes on fête encore maintenant la Victoire sur l'emplacement d'un de ses anciens temples (5). Mais si évidents, si multipliés qu'ils soient, des sou-

num, aut Neptunum, aut Orcum, aut Dianam... credere aut invocare praesumat ; Sermon de saint Eloi ; dans d'Achery, *Spicilegium*, t. V, p. 215. Deinde territorium Trevericae urbis expetii, et in quo nunc estis monte habitaculum, quod cernitis, proprio labore construxi ; reperi tamen hic Dianae simulacrum, quod populus hic incredulus quasi deum adorabat ; Grégoire de Tours, *Historia ecclesiastica Francorum*, l. VIII, ch. 15. Saint Maxime disait au commencement du cinquième siècle, dans un sermon intitulé *De idolis auferendis de propriis possessionibus :* Quoniam sicut dicunt aut Diauaticus aut arupex est, insanum enim numen insanum solet habet pontificem ; dans Muratori, *Anecdota ex manuscriptis Bibliothecae Ambrosianae*, t. IV, p. 99. Sunt quidam, qui in his duodecim noctibus subsequentibus multas vanitates exercent, qui deam, quam quidam Dianam vocant, in vulgari *die frawen unhold*, dicunt cum suo exercitu ambulare ; *Sermones Discipuli* (Herolt, XIIᵉ siècle), Pro die Nativitatis.

(1) Illud etiam non omittendum, quod quardam sceleratae mulieres... se profitentur nocturnis horis cum Diana, paganorum dea..., equitare super quasdam bestias... ejusque jussionibus velut dominae obedire, et certis noctibus ad ejus servitium evocari ; Capitulaire d'une date incertaine ; dans Baluze, *Capitularia*, t. II, col. 365. Nulla mulier se nocturnis equitare cum Diana, dea paganorum... profiteatur ; Angerius (évêque de Saint-Lizier en 1280), *Statuta* ; dans du Cange.

Glossarium, t. II, p. 838, col. 2. Cette croyance à Diane, déesse des sorcières et des enchantements, a sans doute inspiré une énigme provençale publiée par M. Bartsch : Que es luna ? *Respos* : Resplaudor de tenebras e doctrina de totz mals ; *Germania*, t. IV, p. 314.

(2) Voy. Blount, *Ancient tenures*, p. 105. Peut-être le souvenir de Diane n'est-il pas non plus resté étranger à la grande chasse au cerf qui se trouve reproduite avec les mêmes détails sur deux frises, dans la cathédrale d'Angoulême.

(3) Entre autres Tannhäuser, sur lequel il nous reste un petit poeme, imprimé à Leipsick, en 1520 :

> Nun will ich aber heben an
> vom Tannhäuser zu singen,
> und was er wunders hat gethan
> mit Venus der Teufelinnen, etc.

Ce dernier mot signifiait seulement un Esprit élémentaire et n'était pas pris en mauvaise part. Voy. Holland, *Die Sage vom Ritter Tanhauser, dessen Leben und Lieder* (dans l'*Abendblatt zur neuen Münchener Zeitung*, nᵒˢ 305, 308 et 310) ; Grässe, *Der Tannhäuser und Ewige Jude*, Dresde, 1861, et Kornmann, *Mons Veneris, Frau Veneris Berg*, Francfort, 1614. Il y a aussi dans la Hesse une grotte de Venus, *Venusloch* ; dans Lyncker, *Deutsche Sagen und Sitten in hessischen Gauen gesammelt*, nᵒ 152.

(4) Fabri, *Beiträge zur Geschichte, Geographie*, etc., t. I, p. 161.

(5) La fête dure trois jours et commence le dimanche de la Pentecôte.

venirs locaux doivent paraître trop fortuits pour qu'on en puisse rien conclure, et nous insisterons de préférence sur les restes beaucoup plus généraux, et lors même que le peuple a voulu les rattacher aux croyances chrétiennes, parfaitement reconnaissables du culte de Bacchus.

Des plaisirs, d'abord particuliers à ses fêtes, furent cependant introduits peu à peu dans les autres, sans aucune autre pensée que de s'amuser davantage, et, à moins d'une conviction systématique, on ne saurait en attribuer la conservation à la persistance de la religion païenne. Ainsi, par exemple, notre carnaval s'est approprié bien des souvenirs des anciennes Dionysiaques : les déguisements dramatiques, le visage hideux des masques, les étranges libertés dont ils jouissent, leur agitation incessante et leur petite voix en sont certainement des restes, quoique, selon toute apparence, il n'y ait dans tout cela, comme on disait à Athènes, rien qui se rapporte à Bacchus (1). Mais une cause aussi générale ne peut expliquer des circonstances par trop singulières, dont quelques-unes auraient même dû révolter la pudeur publique ; il a fallu qu'une tradition, religieuse à l'origine, en eût entièrement changé le caractère, et qu'une habitude non interrompue ait ensuite empêché des répugnances trop légitimes de se produire (2). Bacchus était le dieu de la vie active ; il animait et fécondait la nature entière ; à ce titre, le

---

(1) Οὐδὲν πρὸς τὸν Διόνυσον. Arnobe reprochait cependant aux païens leurs bacchanales (*Adversus Gentes*, l. v, p. 169, éd. de Leyde, 1651), et il est difficile de se refuser à les reconnaître dans le ch. XXIV de l'*Indiculus paganiarum* : De pagano cursu quem *yrias* nominant, scissis pannis vel calceis.

(2) Il avait certainement fallu les anciennes Lupercales pour faire tolérer la révoltante coutume que Baptista Mantuanus a mentionnée dans son *De sacris diebus*, l. I, cah. D, fol. 1 r°, éd. de Lyon, 1516.

Ista superstitio, levis haec insania, nostros
Transiit in mores : veteris contagia morbi
Hausimus......
Per fora, per vicos, it personata libido,
Et censore carens subit omnia tuta voluptas,
Nec nuruum palmas, sed membra recondita
[pulsat,
Perque domos remanent foedi vestigia capri.

Elle n'était même pas particulière à l'Italie : In locis aliquibus, praesertim inferioris Germaniae, vulgo ac plebeiis mos est, tempore quadragesimali, im fastnacht, mulieres sibi obviam factas, inhonesto joco interdum denudatis posterioribus, virga, vel etiam herba aliqua pungente feriunt ; Tillemann, *Commentatio historica moralis de nuditatibus*, ch. III, par. 2.

phallus devint son symbole (1); c'était dans ses fêtes le signe caractéristique de ses prêtres (2); les coupes à boire en affectaient la forme (3), et au commencement de ce siècle il y avait encore en France des gâteaux qui cherchaient à en reproduire aussi l'image (4). Dans les premiers temps du christianisme, le boudin noir fut sévèrement interdit (5), sans doute à cause de sa forme phallique, et le peuple continue, dans beaucoup d'endroits, à en manger de préférence dans ses bombances de carnaval (6). Pour honorer Bacchus, les païens lui offraient, en sa qualité de dieu-Soleil, des gâteaux ronds (7), et c'est la forme la plus habituelle qu'on leur donne encore dans les jours de réjouissances solennelles (8). Quelquefois, pour

(1) Il était même adoré à Lampsaque sous le nom de *Priape* (Athénée, l. i, p. 30 B), et on lit dans saint Augustin, *De civitate Dei*, l. vii, ch. 21 : Jam vero Liberi sacra, quem liquidis seminibus, ac per hoc non solum liquoribus fructuum, quorum quodam modo primatum vinum tenet, verum etiam seminibus animalium praefecerunt.

(2) On les appelait *Phallophores* et *Ithyphalles*.

(3)   Vitreo bibit ille Priapo :
          Juvénal, sat. ii, v. 95;

Pignoria en a fait connaître trois; *De servis*, p. 75, 76 et 77. Elles avaient même, d'après le vieux scholiaste de Juvénal, un nom particulier, *drillopotae :* voy. Casaubon, *Ad Capitolinum, Pertinax*, ch. viii.

(4) Notamment à Brives ; Dulaure, *Du culte des divinités génératrices*, p. 227: c'était certainement un usage romain, puisque Martial composa une de ses épigrammes à l'occasion d'un *Priapus siligineus*; l. xiv, ép. 69.

(5) Denique inter tentamina Christianorum botulos etiam, cruore distentos, admovetis, certissimi scilicet, illicitum penes illos esse, quod exorbitare illos vultis; Tertullien, *Apologeticus*, ch. ix. L'empereur Léon défend encore dans sa Nouvelle lviii, Quod alii lucri, alii gulae causa in escam qua vesci vetitum est, sanguinem convertant. Voy. le frag-

ment des *Concurrentes* de Sophilus, cité dans Athénée, l. iii, p. 125 E.

(6) Les enfants allaient même, en Allemagne, chanter de maison en maison, un bouquet vert à la main :

Ich bring zum Fastel-Abend einen grünen
                              [Busch,
habt ihr nicht Eyer, so gebet nur Wurst.

(7) Ergo rite suum Baccho dicemus honorem
     Carminibus patriis, lancesque et liba fe-
                              [remus;
          Virgile, *Georgica*, l. ii, v. 393.

Quidmirum, Veteres luxuriae vitio plane immersos, placentulas etiam in gyrum flexisse, atque deinceps in festo Bacchi distribuisse; Koch, *De spiris pistoriis*, ch. ii. par. 3. Aegyptii annum, propter motus convertentes et vicissitudines, ita effinxere, ut draco curvus, in se flexus, suam caudam morderet : quae descriptio, quod volubili orbe circumagitur, annum designavit; Alexander ab Alexandro, *Genialium dierum* l. iii, ch. 24.

(8) On en fait encore au safran à Valognes, et l'on en mangeait autrefois en Allemagne qui se nommaient, à cause de leur forme, *Kringel*. Nous croirions même volontiers que les gâteaux appelés en patois normand *Craquelin* et *Brasillé* (v. all. *Brecksel, Prätzel*), avaient la même origine : on *communiait* en les brisant; voy. Martinius, *Lexicon etymologicum*, s. v. BRISARE et SPIRA.

rappeler un des emblèmes de sa force (1), ces gâteaux étaient arrondis et allongés comme une corne, et par une tradition immémoriale les boulangers de différents pays font des gâteaux cornus (2), destinés primitivement aux plaisirs des jours-gras (3). Les arbres à feuillage persistant lui étaient spécialement consacrés ; ils représentaient seuls la permanence de sa puissance, et des branches de pin étaient autrefois plantées pendant le carnaval le long des maisons (4). On se mettait, pour mieux fêter le vin, une couronne de lierre sur la tête (5), et ce sont des bouchons d'arbres verts qui servent encore d'enseigne aux cabarets. La fécondité mystérieuse de l'œuf, le germe tout-puissant de vie qu'il contient, prirent facilement un sens mythique (6) et lui firent donner une place capitale dans

---

(1) Mite, Pater, caput huc placataque cor-
[nua vertas;
Ovide, *Fastorum* l. iii, v. 789.

Cornua Liberi patris simulacro adjiciuntur, Festus, s. v. CORNUA, p. 30.

(2) *Cornudéau, Cornuyau,* en vieux-français; *Cornet,* en patois normand; *De la Cornuda,* en patois limousin; *Cuignet,* en patois picard : Picardi *cuignet* etiamnum appellant panem lacte subactum, et in varios angulos formatum; du Cange, *Glossarium,* t. II, p. 700, col. 1 : on le trouve déjà dans une Lettre de grâce de 1467. Peut-être même ces cornes étaient-elles d'abord une représentation grossière du phallus.

(3) Comme l'étaient en Allemagne le *Heet-Weggen* et le *Wecken-Semmeln.* Les cris dans des *cornes* qui célèbrent si bruyamment le carnaval, semblent aussi empruntés aux Bacchanales. Elles étaient caractérisées par un vacarme plus ou moins musical :

Ὁ δὲ χαλκοθέοις κοτύλαις ἐττοβεῖ;
Eschyle, *Edones;* dans Strabon, l. x, p. 470.

Aut ubi curva choros indixit tibia Bacchi;
Virgile, *Aeneidos* l. xi, v. 737.

(4) Schmidt, *Untersuchung der Fastel-Abends Gebräuche,* p. 136.

(5) Tout m'est indifferent, pourvu que j'aye
[un verre
à l'ombre d'une treille, où, couronné de
[lierre,
Je noye les ennuys, les procez, les soucy,
l'ire, l'ambition et les amours aussi;

Courval-Sonnet, *Exercices du temps,* sat. xiv, p. 127, éd. de 1631.

C'est certainement une tradition de l'Antiquité :

Bacche, racemiferos hedera redimite ca-
[pillos;
Ovide, *Fastorum* l. vi, v. 413, et l. iii, v. 767 :

Cur hedera cincta est! hedera est gratis-
[sima Baccho.

Crinali florens hedera, procedit Iacchus;
Claudien, *De raptu Proserpinae,* l. i, v. 16.

Dans la procession bachique, publiée par M. Gerhard, *Griechische Mysterienbilder,* pl. xii, tous les initiés ont même des couronnes de lierre.

(6) Nous citerons seulement le témoignage d'Aristophane, parce que la nature de ses comédies ne lui permettait d'exprimer que des idées populaires :

Ἐρέβους δ' ἐν ἀπείροσι κόλποις
ἰκτει πρώτιστον ὑπηνέμιον Νὺξ ἡ μελανόπτος ᾠὸν;
Aves, v. 694.

les solennités bachiques (1); on se plut à y voir une lustration (2) et une promesse de résurrection (3). Comme la plupart des dieux Soleils qui sont sortis du naturalisme, Bacchus était mort à la fin de l'année pour renaître avec elle, et l'œuf lui était en quelque sorte personnel : il rappelait un des grands faits de sa légende et exprimait en même temps son immortalité. Encore imbus de ces idées, les premiers chrétiens crurent donc aisément faire un acte religieux et affirmer leur foi à la résurrection du jour de Pàques en se donnant le vendredi et le samedi saint des œufs (4), dont le rouge vif était un nouveau symbole de vie (5). Le clergé avait sans doute un vague souvenir de l'origine de ces œufs, car il avait voulu, sans nécessité apparente, les rattacher matériellement au christianisme par une prière toute spéciale (6); mais ils n'en jouaient pas moins

(1) Voy. Plutarque, *Quaestionum convivalium* l. II, quest. III, par. 12. Jacque de Fonteny disait encore dans son *OEuf de Pasques* :

Bacchus, quy nous donna la vigne,
tenoit tout sacrifice indigne
Et vain, où l'œuf mistic n'estoit :
des œufs en trophée on portoit
Aux festes de ses bacchanales.

L'œuf figurait également au premier rang dans les pompes d'une autre personnification de la puissance de la Nature : In Cereali pompa solet (ovum) esse primum; Varron, *De re rustica*, l. I, ch. II, p. 8, éd. de Scaliger.

(2) Grande sonat metuique jubet Septembris
[et Austri
Adventum, nisi se centum lustraverit
Juvénal, sat. VI, v. 517.   [ovis;

Et quoniam ad animae purgationem pertinere (Bacchanalia) dicerent, vannum quo triticum purgatur, et ovum sphaerali figura adhibebant; Alexander ab Alexandro, *Genialium dierum* l. VI, ch. 19.

(3) Voila pourquoi on offrait des œufs aux morts (Juvénal, sat. V, v. 84, et Lucien, *Opera*, t. II, p. 129, éd. des Deux-Ponts) et l'on en plaçait si souvent dans les tombeaux : voy. Jorio, *Metodo per rinvenire e frugare gli sepolcri*, Napoli, 1824; le *Bulletino dall' Instituto di corrispondenza archeologica*, 1839, p. 27 ; la notice de M. Gerhard sur le vase du Musée de Berlin, n° 1808, *Neuer Zuwachs*, p. 66, et M. Bachofen, *Versuch über die Gräbersymbolik der Alten*, p. 49.

(4) La vente n'en pouvait même être faite que ces deux jours-là : On y fit aussi des deffences de vendre des œufs de couleur apres Pasques, parce que les enfans s'en jouoyent auparavant, qui estoit de mauvais exemple ; *Satyre ménippée de la vertu du catholicon d'Espagne*, fol. 94, éd. de 1595. Les auteurs ont ici, comme ailleurs, expliqué par une raison ridicule ce qui était contraire à leurs opinions. Ce n'est pas le lieu d'étudier avec quelque détail la nature et l'histoire des œufs de Pàques; nous ne pouvons que renvoyer aux dissertations, malheureusement très-insuffisantes, de Krask, *De ovo paschali;* de Wildvogel, *De jure circa festa Paschatos et Pentecostes*, et de Reisk, *Abhandlung vom Oster-und Johannis-Feuer*. Nous n'avons pu nous procurer celles de Harenberg, de Mickel et d'Erdmann.

(5) Le phallus qu'on portait dans les Dionysiaques était rouge, et Ovide disait, *Fastorum* l. I, v. 415 :

At ruber, hortorum decus et tutela, Priapus.

(6) Subveniat, quaesumus, Domine,

quelquefois un rôle liturgique : il y avait des églises où le clerc qui annonçait la résurrection du Christ au peuple lui montrait un œuf d'autruche enveloppé dans une étoffe de soie (1). La croyance au pouvoir de Bacchus et à sa représentation par des œufs avait aussi, selon toute apparence, donné naissance à une superstition usitée jusqu'à ces derniers temps en Westphalie : on y faisait le jour de Pâques des omelettes, dont on se gardait d'ôter les coquilles, et l'on croyait assurer l'avenir des récoltes en les promenant solennellement à travers les champs (2). Dans d'autres provinces de l'Allemagne, en Saxe (3) et en Souabe (4), les œufs de Pâques semblent même avoir conservé un souvenir plus incontestable de leur destination et de leur signification première : ils sont encore pour le peuple une promesse et un gage de fécondité (5).

tuae benedictionis gratia, huic ovorum creaturae, ut cibus salubris fiat fidelibus tuis in tuarum gratiarum actione sumentibus ob resurrectionem Domini nostri Jesu Christi, qui tecum vivit et regnat ; *Rituale romanum pro Anglia, Hibernia et Scotia*, p. 133, éd. de Paris, 1657. C'était autrefois les clercs attachés aux églises qui présidaient à la quête des œufs de Pâques, et avant de la commencer ils allaient dévotement avec les autres jeunes gens chanter *Laudes* à la paroisse principale ; *Le voyageur à Paris*, t. II, p. 112.

(1) Ils chantaient en le montrant : Alleluia ! Resurrexit Dominus ; resurrexit leo fortis, Christus filius Dei ; alleluia ! de Moléon, *Voyages liturgiques*, p. 98. Probablement cette cérémonie avait lieu aussi à Amiens, puisque l'Inventaire du Trésor de la cathédrale, fait en 1535, mentionne comme se trouvant dans une des armoires un crucifix d'ivoire et deux œufs d'autruche ; *Mémoires de la Société des antiquaires de Picardie*, t. X, p. 356. Le repas du jour de Pâques, appelé en Pologne *le Bénit*, où s'assoient indistinctement les maîtres et les domestiques de chaque maison, commence par le partage entre tous les convives d'un œuf bénit : c'est certainement une véritable communion, un acte de croyance commune à la résurrection du Christ.

Cette idée n'était pas sans doute étrangère à l'omelette de deux cents œufs appelée *tanesie*, que d'après un ancien pouillé de la cathédrale d'Amiens, Jean de Saint-Fuscien devait, en 1301, à l'évêque d'Amiens, le jour de Pâques ; *Bulletin de la Société des antiquaires de Normandie*, t. I, p. 247.

(2) Kuhn, *Gebräuche aus Westfalen*, n° 420 ; Flachssäen, *Norddeutsche Gebräuche*, n° 355.

(3) Schwartz, *Der Ursprung der Mythologie*, p. 229.

(4) Meier, *Schwabische Sagen*, t. II, p. 392.

(5) On y dit proverbialement *Die Ostereier bringe der Oster-Hase*, et le lièvre était un symbole de fécondité : voy. Preller, *Römische Mythologie*, p. 381, et Friedreich, *Symbolik der Natur*, p. 434 et suivantes. Dans les fouilles du clos Marc Outie, à Limoges, on a trouvé sur quatre fragments de vases des Satyres, accompagnés de lièvres ou de lapins ; *Revue archéologique*, 1852, p. 425 et 427. Ce rapprochement pourrait paraître étrange si d'autres restes du culte de Bacchus ne s'étaient rattachés à la fête de Pâques. Mais le feu de joie qu'on y allumait en Allemagne, se faisait de Bocksdorn (astragalus tragacantha), littéralement Épine de bouc (Grimm, *Deutsche Mythologie*, p. 349), et c'était un bouc

Athènes et beaucoup d'autres villes avaient consacré deux fêtes à Bacchus : les petites Dionysiaques, celles des champs, célébraient la vendange, et les Dionysiaques de la ville, *urbana*, le vin nouveau. Quand, sous l'influence du christianisme, la puissance de Bacchus fut tombée en déshérence, un simple rapport de nom avec une de ces fêtes suffit pour en faire investir saint Urbain. Ce pourrait être un simple hasard qui, dans le chef-lieu du christianisme (1), fit mettre sous l'invocation de saint Urbain un temple autrefois consacré à Bacchus (2); mais aucune circonstance de sa vie (3) n'explique d'une manière quelconque ni ses attributs ordinaires (4), ni l'action toute-puis-

qu'on sacrifiait pendant les Dionysiaques. Dans le Harz, on semble avoir jeté autrefois un écureuil dans le feu de Pâques (voy. Wolf, *Beiträge zur deutschen Mythologie*, t. I, p. 74), et le souvenir du sacrifice d'un chien s'était conservé à Gersthof; Panzer, *Beiträge zur deutschen Mythologie*, t. II, p. 533. Nous rapporterions aussi volontiers à un ancien sacrifice une coutume encore observée, le lundi de Pâques, dans les environs de Caen : on y attache un coq par la patte; chacun lui jette une pierre jusqu'à ce que mort s'ensuive, et il appartient à celui qui l'a tué. *De siewen sprünge*, danse usitée en Westphalie le jour de Pâques, où l'on crie *Juchhäi!* et l'on frappe la terre des deux genoux, des deux coudes, des deux mains et du nez (Kuhn, *Gebräuche und Märchen aus Westfalen*, t. II, p. 150), est certainement une danse mimique d'ivrogne et un reste des Bacchanales. La Chronique de Lanercost nous a même conservé la preuve d'un véritable culte rendu positivement à Bacchus, et dans la forme la plus repoussante, précisément dans le temps de Pâques : Insuper hoc tempore apud Inverchethin (Inverkeithing, dans le comté de Fife), in hebdomada Paschae (29 mars — 5 avril 1282), sacerdos parochialis, nomine Johannes, Priapi prophana parans, congregatis ex villa puellulis, cogebat eas, choreis factis, Libero Patri circuire. Ut ille feminas in exercitu habuit, sic iste, procacitatis causa, membra humana virtuti seminariae servientia super asserem artificiata ante ta-

lem choream praeferebat, et ipse tripudians cum cantantibus, motu mimico omnes inspectantes et verbo impudico ad luxuriam incitabat; dans Kemble, *The Saxons in England*, t. I, p. 359. L'année, qui doit naturellement se régler sur le cours du soleil, a commencé pendant longtemps le jour de Pâques : il y a même encore, dans l'Orléanais, des villages où l'on y crie comme au premier jour de l'année, *An-guy-l'an-neuf*; Lottin, *Recherches historiques sur la ville d'Orléans*, t. I, p. 314. Nous ajouterons qu'on plantait autrefois du lierre sur les tombeaux; Menzel, *Christliche Symbolik*, t. I, p. 120.

(1) Sur la voie Appienne, à trois milles environ de la Porta di Santo Sebastiano.

(2) On a même retrouvé sous l'autel une inscription grecque, constatant que c'était bien l'ancien autel de Bacchus; Marangoni, *Cose gentilesche ad uso delle chiese*, p. 262.

(3) *Acta Sanctorum*, Mai, t. V. p. 471 et suivantes; la légende elle-même n'a recueilli aucun fait qui ait pu servir de prétexte : voy. Jacobus de Voragine, *Legenda aurea*, ch. LXXVII, p. 341, éd. de Grässe.

(4) Il était représenté avec une vigne et des raisins, et quoique le patron légal des vignerons fût saint Matthieu, ils invoquaient de préférence saint Urbain, et lui attribuaient différents miracles pour arrêter et pour augmenter la sève; Molanus, *De historia sanctarum imaginum et picturarum*, l. III, ch. 19.

sante qu'on lui croyait sur le vin de l'année (1), et dont on lui demandait compte avec tant de sans-façon. Quand le temps était beau le jour de sa fête, on rendait à sa statue les honneurs les plus respectueux (2); mais lorsque par aventure une pluie, toujours grave pour la vigne à cette époque de l'année, venait menacer les espérances des vignerons, on lui jetait à elle-même des seaux d'eau sur la tête et on la traînait ignominieusement dans la boue (3). Des souvenirs païens s'étaient d'ailleurs évidemment conservés dans la grotesque mascarade de Nuremberg (4). Le vingt-cinq mai, jour anniversaire de son martyre, saint Urbain, coiffé de sa mitre d'évêque et vêtu d'une chape rouge, semée de fleurs et de bonnets de fou, parcourait les rues de la ville sur un cheval blanc; il tenait une coupe à la main, vacillait comme un homme ivre, et s'arrêtait pour boire à tous les cabarets. Le cheval blanc était la monture ordinaire des dieux bienfaisants (5), et le rouge, la couleur habituelle du vin, était spécialement attribué à Bacchus (6); les bonnets de fou rappelaient les folies que son

---

(1) On disait même proverbialement en Bourgogne : *Tel saint Urbain, telles vendanges*, et en Allemagne :

Hat Urbanstag schön Sonnenschein,
verspricht er viel und guten Wein.

Le jour de sa fête, on couvrait les autels de verdure et de fleurs, comme s'il en eût été le patron :

Jam pastor Romanus adest Urbanus et illi
Est sacrata dies Juvenum quae octava ca-
[lendas
Ante venit : redolent herbis et floribus arae;
Baptista Mantuanus, *De sacris diebus*, l. I.

(2) Spectacula et ludicra, etiam extra templa, paganismum redolentia, ut cantiones et lusus qui in die sancti Urbani, circumferendo ipsius imaginem, frondibus comatam et ornatam, decantari et celebrari consueverunt, abolenda censemus et decernimus; Synode de Strasbourg, 1549, ch. XIX; dans Hartzheim, *Concilia Germaniae*, t. VI, p. 498.

(3) In die sancti Urbani (en Franconie) vinitores in foro aut alio publico loco mensam locant, mappis, fronde et plurimis redolentibus herbis instruunt, desuper statunculam beati pontificis statuentes, quam si dies serena est largo vino coronant, et omni honore prosequuntur, si vero pluvialis id non solum non faciunt, sed luto projiciunt et aqua immodica perfundunt; Boemus Aubanus, *Omnium gentium mores*, l. III, p. 218, éd. de 1535. Cela se passait de même en Alsace, selon Hospinianus, *De festis Christianorum*, fol. 86, éd. de Zurich, 1612.

(4) Roth, *Nürnbergisches Taschenbuch*, t. I, p. 232 et suivantes. Elle n'était pas encore tombée en désuétude au dix-septième siècle, et durait depuis un temps immémorial.

(5) Comme dieux de la lumière.

(6) Ses statues de Phelloé en Achaïe, et de Phigalia en Arcadie, étaient peintes en rouge, et ses vêtements sont rouges dans une fresque d'Herculanum; *Pitture d'Ercolano*, t. II, pl. XIII.

culte avait toujours autorisées, et les fleurs, son ancien sur-
nom (1) et les vêtements qu'il avait portés longtemps dans
ses fêtes (2). En tête du cortége marchaient, comme dans
les Théories, deux ménétriers jouant d'un instrument cham-
pêtre; puis venait un homme habillé aussi de rouge et tenant à deux mains un pin orné de ses pommes et d'une
foule de petits miroirs. Ainsi que nous l'avons déjà dit, les
arbres verts, symbolisés par le thyrse (3), étaient devenus
l'attribut habituel du dieu des forces de la Nature et du vin;
les pommes de pin étaient un souvenir grossier des phallophores (4), et les petits miroirs exprimaient sans doute la
puissance magique du vin, son pouvoir de créér des images
fantastiques (5) et d'embellir la réalité (6). A côté de saint

(1) Ἄνθος, Ἄνθευς (Pausanias, l. I, ch.
xxxi, par. 2; l. VII, ch. xxi, par. 4), le
Fleuri; Εὐάνθης (Welcker, Nachtray zu
Trilogie, p. 189), le Bien fleuri. Ovide
disait aussi, Fastorum l. v, v. 345 :

Bacchus amat flores.

(2) Voy. Denys d'Halicarnasse, Anti-
quitatum Romanarum l. vii, par. 72, éd.
de Reiske, et Pollux, Onomasticon, l. iv,
par. 14.

(3) Διόνυσος, ὃς θύρσοισι καὶ νεβρῶν δοραῖς
καθαπτός;
　　　　Aristophane, Ranae, v. 1211.

Foemineos thyrso concitat ille choros;
　　Ovide, Fastorum l. iii, v. 764.

Ac Nebrissa dei Nysaeis concita thyrsis;
　　Silius Italicus, Punicorum l. iii, v. 393.

Il serait aussi inutile qu'impossible d'indiquer toutes les représentations de Bacchus avec le thyrse : nous citerons seulement le camée nᵒ 60 du Cabinet des
médailles, et la magnifique patère d'or
massif, nᵒ 2537 ; on le donnait même à
ses suivants : voy. le camée nᵒ 77, et les
intailles nᵒˢ 1642 et 1645.

(4) Dans l'initiation bacchique on portait processionnellement un bâton surmonté par une pomme de pin; Gerhard,
Griechis.hes Mysterienbilder, pl. xii. La
pomme de pin figure aussi au haut d'un
bâton et represente sans doute le phallus
dans deux monuments publiés par Inghi-
rami. Monumenti etruschi, t. VI, pl. xv,
nᵒˢ 2 et 4. Dans un magnifique vase dio-

nysiaque trouvé à Bernay (Cabinet des
médailles, nᵒ 2807), on a représenté sur
la seconde face une pomme de pin et un
feu de pommes de pin sur un autel. Dans
la première face d'un autre vase diony-
siaque (nᵒ 2811), il y a aussi une petite
colonne surmontée d'une pomme de pin.
Voilà pourquoi le pin était consacré à la
mère des dieux (Ovide, Métamorphoseon
l. x, v. 104), et les jeunes épouses romaines portaient une torche en pin, pi-
neam taedam. Le buste d'un Satyre du
Cabinet des médailles (nᵒ 3283) est aussi
couronné de pin.

(5) Liber ut Erigonem falsa deceperit uva ;
　　Ovide, Métamorphoseon l. vi, v. 125.

(6) Dans les traditions populaires, le
verre représentait, sans doute à cause de
son éclat, l'or, et par suite la richesse.
Peut-être y avait-il là aussi un souvenir
de l'ancien usage d'allumer avec un
verre le feu de Pâques, qui symbolisait
certainement le soleil de la nouvelle année, c'est-a-dire Bacchus : voy. Serrarius,
Ad Epistolas Bonifacii, p. 343, et Letz-
ner, Historia sancti Bonifacii, ch. xii.
Comme nous avons déjà eu l'occasoin de le
dire, des idées de résurrection s'étaient
attachées au souvenir de Bacchus, et
quelle qu'en soit la cause, des miroirs
ont été souvent trouvés avec d'autres
verroteries dans les tombes gallo-romaines : bien des années après on en sculp-
tait encore sur les tombeaux et l'on en

Urbain se tenaient un paysan, habillé à l'ancienne mode, qui veillait affectueusement sur lui à l'instar de Silène, et une femme portant aussi des verroteries dans une hotte de vendangeur (1). Le peuple suivait en criant : *Juchhei! Juchhei* (2) ! *Donne-nous du beau temps, Urbain, ou tu iras dans la mare;* et le soir, quand il avait plu dans la journée, on jetait réellement un mannequin, représentant le Saint, dans une mare où l'on abreuvait les bêtes.

Ailleurs, c'est à saint Martin que s'étaient rattachés les souvenirs de Bacchus (3) : à son exemple il montait un cheval blanc (4), et sa chape devint un présage de victoire, plutôt sans doute en souvenance de la conquête de l'Inde que de ses humbles campagnes (5). Non-seulement il présidait aussi à la fertilité des champs (6), mais on écrivait son nom comme une amulette toute-puissante pour défendre les vignobles des intempéries (7). Il y avait même des vignes qui lui étaient spé-

---

brodait sur les draps mortuaires; *Annales archéologiques*, t. II, p. 232.

(1) Peut-être une autre transformation de Silène, γραῦς μεθύση, que selon Aristophane, *Nubes*, v. 555, Eupolis et Phrynicus avaient introduite dans leurs comédies. Ovide, *Fastorum* l. III, v. 765, et Natalis Comes, p. 489, parlent du rôle d'une vieille femme dans les fêtes de Bacchus; mais nous croirions plutôt que, selon l'usage des Bacchanales, c'était un homme travesti en femme : voy. Lucien, *De Dea Syria*, par. XXVII; Hesychius, s. v. Ἰθύφαλλοι, et Joannes Nicolaus, *De ritu Bacchanaliorum;* dans Gronovius, *Thesaurus*, t. VII, col. 199.

(2) L'*Evohé* de l'Antiquité.

(3) Hic noctu innotuit ipsi (Olao) sanctus Martinus episcopus, dicens illi : Moris in his terris esse solet, cum convivia celebrentur, in memoriam Thoreri, Odini et aliorum Asorum scyphos evacuare : hunc ut mutes volo, atque ut in mei memoriam in posterum bibatur, tua cura efficias; Oddo, *Sancti Olai Vita*, ch. XXIV, p. 102.

(4) L'homme appelé *Martinsmann* qui le représentait et, le jour de sa fête, apportait sur un chariot de forme antique un muid de vieux vin au duc de Schwerin, portait aussi, à l'instar de Bacchus, un manteau rouge; Reimann, *Deutsche Volksfeste*, p. 288.

(5) *Legenda aurea*, ch. CLXVI, p. 749, éd. de Grässe; du Cange, *Glossarium*, t. II, p. 120, col. 1.

(6) Acris serenitati, terrae fertilitati et frugum proventui praefectus est (sanctus Martinus); Voetius, *Selectae disputationes theologicae*, t. III, p. 443. Voy. Grégoire de Tours, *De virtutibus sancti Martini*, l. I, ch. 34, et Sulpice Sévère, *Opera*, dial. III. *De Martino*, p. 274, éd. de Paris, 1667. Son cercueil fit, disait-on, reverdir et fleurir tous les arbres qui se trouvèrent sur son passage; Menzel, *Christliche Symbolik*, t. II, p. 111. On lui attribuait en Angleterre même la fécondité des femmes, et elles se réclamaient très-volontiers de *Martin's hammer*. On y appelait aussi *Saint-Martin's rings*, des gages d'amour qui n'avaient d'or qu'à la surface : voy. Compton, *Commonwealth*, p. 28.

(7) Ne sitis ingratus, Martinum et te, inde
[vocabit (vindemiator),
pinget et in multis nomina vestra locis;

Novidius, *Sacrorum fastorum* l. IX, fol. 117 r°, éd. de Rome, 1547.

cialement consacrées, dont il se montrait singulièrement jaloux (1), et le vin qui en provenait avait des vertus merveilleuses (2). Une année que le raisin manquait en Lombardie, il avait, disait-on, rempli tous les tonneaux du pays avec deux grappes venues à sa vigne (3), et quand on se permettait irrévérencieusement de ne pas aimer le vin, il faisait un miracle tout exprès pour forcer d'y prendre goût (4). Comme Bacchus, il le bonifiait dans les tonneaux, et avait pris leur mise en perce sous sa protection toute particulière (5); comme lui, il aimait à griser les gens (6), provoquait des chants obscènes (7) et même des représentations dramatiques (8); comme lui enfin, il aimait plus que de raison la boisson et la mangeaille (9).

(1) Miro, roi des Suèves, dit en montrant une vigne magnifique qui se trouvait devant la basilique de Saint-Martin : Cavete ne contingatis unum ex his botrionibus, ne forsitan offensam sancti antistitis incurratis. Un de ses serviteurs y toucha, et soudain sa main adhérant à la treille, devint roide, et son bras se dessécha ; Grégoire de Tours, *De virtutibus sancti Martini*, l. iv, ch. 7.

(2) Grégoire de Tours, *De gloria Confessorum*, ch. x.

(3) Après avoir raconté ce miracle, Péan Gatineau dit dans sa *Vie de Monseigneur saint Martin de Tours*, p. 103, v. 18, éd. de M. Bourassé :

Por ce beit chascuns a sa feste
De ses vins, et son celer ovre,
en remembrance de cette ovre.

(4) Grégoire de Tours, *De virtutibus sancti Martini*, l. i, ch. 33.

(5) On lisait dans un vieux calendrier de l'Église romaine, cité par M. Ellis dans ses notes sur Brand, *Popular antiquities*, t. I, p. 221 : Martinalia, geniale festum. Vini (*sic*) delibantur et defecantur. Vinalia, Veterum festum huc translatum. Bacchus in Martini figura.

Haec est laeta dies : ista populusque pa-
[tresque
Luce cados relinunt, et defecata per omnes
Vina ferunt mensas : ac libera verba lo-
[quuntur.
Talis apud Veteres olim sacrata Lyaeo

Lux erat a priscis vocitata Pithoegia Grai(i)s
Quod signata dies aperiret dolia festus ;

Baptista Mantuanus, *De sacris diebus*, l. xi, cah. 0, fol. 3 vº.

Un passage de Naogeorgus, *Regni Papistici* l. iv, p. 158, ed. de 1533, montre encore mieux quelle influence on reconnaissait à saint Martin sur le vin nouveau :

Aperit nam dolia quisque
Omnia, degustatque haustu spumosa fre-
[quenti
Musta, sacer quae post Martinus vina vo-
Efficit. [cari

(6) Le peuple appelait même l'ivresse le *mal saint Martin*; Leroux, *Dictionnaire comique*, t. II, p. 140. Voilà sans doute pourquoi le diable figurait si souvent derrière lui dans les images, qu'on l'avait surnommé l'*Estafier de saint Martin*.

(7) Quidam daemon nequissimus qui in Nivella, urbe Brabantiae, puellam nobilem anno Domini MCCXVI prosequebatur, manifeste populis audientibus dixit : Cantum hunc celebrem de Martino ego cum collega meo composui et per diversas terras Galliae et Theutoniae promulgavi. Erat autem cantus ille turpissimus et plenus luxuriosis plausibus; Thomas Cantipratensis, *Bonum universale de apibus*, l. II, ch. xlix, par. 22.

(8) Boemus Aubanus, *Omnium gentium mores*, l. iii, p. 220, éd. de 1535.

(9) On appelait même en vieil-anglais

On racontait même, avec une liberté de langue qui rappelait un peu les anciennes orgies, que dans un jour de pénurie, il avait vendu son manteau pour boire (1), et que nonobstant sa grande puissance et ses vertus canoniques, il était mort avant le temps d'une indigestion d'oie (2). Sa fête était devenue aussi celle du vin nouveau (3) : on les célébrait toutes deux à l'envi par de joyeux festins (4), et en souvenir des anciens vases à boire (5), on y mangeait superstitieusement des gâteaux arrondis comme des cornes (6). La veille, les enfants lui demandaient même, en Saxe, de faire un miracle de son

Mart, le bœuf ou la vache que l'on tuait pour les provisions d'hiver, et Rabelais disait, l. II, ch. 28 : Un chascun de l'armée commença à martiner, chopiner et trinquer de mesmes.

(1) Saint Martin war ein milder Mann,
trank gerne cerevisiam,
und hatt' doch kein pecuniam;
drum musst er lassen 'tunicam;
dans Vulpius, *Curiositäten*, t. VIII, p. 452.

(2) Reimann, *Deutsche Volksfeste*, p. 283. Dans les anciens calendriers, le jour de sa fête était même indiqué par une oie. Dès 1171, Othelric de Swalenberg envoya à l'abbaye de Corvei Argenteum anserem in festo sancti Martini; *Annales Corbeienses*; dans Leibniz, *Rerum Brunsvicensium scriptores*, p. 308. Voy. Frommannus, *De ansere Martiniano*; Millin, *Les Martinales, ou description d'une médaille qui a pour titre l'Oie de la Saint-Martin*; et la note suivante.

(3) *Post Martinum vinum bonum*, disait un vieux proverbe; et l'on chantait en Allemagne une chanson commençant ainsi :

Martinus schenket guten Most
und hat dabei viel schöne Kost,
auf Martin schlacht feiste Schwein;
auch wandelt sich der Most in Wein;
man isst auch gebratne Gans;
und trinkt den Most, bald halb, bald ganz.

(4) Esté, on a grant joye quant je suis en [chemin,
chascun si se gogoye la veille Sainct- [Martin,
il n'est grant ne petit qui ne boyve du [vin,
se son gaige y devoit laisser, jusqu'au [matin;
Debat de l'Iver et de l'Este; dans Sylvestre, *Poesies françoises des* XVe *et* XVIe *siecles*.

Un soir, le jour de Sainct-Martin,
Thenot au milieu du festin
Ayant desja mille verrées
d'un gosier large devorées;
Ronsard, *Gaillardise;* dans le *Cabinet satyrique*, t. III, p. 45, éd. de 1859.

Hebet ûf den becher, liebin kint,
Und schenket in des kalten.
Sant Mertên muoz es walten,
Daz wir hînt' getrinken sô,
daz unser sêle werden vrô;
Stricker, *Martinsfest*, v. 154.

Aux jours de récréation, comme à la Saint-Martin, aux Rois et à Caresmes-prenant, il ne nous faisoit pas apprester une meilleure cuisine; Sorel, *Histoire comique de Francion*, l. III, p. 126, éd. de 1858. Le concile tenu à Auxerre en 578, se croyait déjà obligé de défendre en termes absolus les veillées de Saint-Martin; dans Sirmond, *Concilia antiqua Galliae*, t. I, p. 362.

(5) Probablement ce n'était pas un souvenir classique, quoiqu'il y eût des vases à boire appelés κέρατα et même *Cornes d'Amalthée* (Casaubon, *Animadversiones in Athenaeum*, l. XI, col. 786), et que les cornes à boire figurent assez souvent sur les vases dionysiaques : voy. entre autres ceux du Cabinet des médailles, nos 2809 et 2810.

(6) Pancs, qui Hannoverae *Martenshörner* audiunt, in honorem sancti Martini confecti sunt ethnicorum imitatione;

métier, de changer l'eau en vin (1) : le lendemain, leur cruche se trouvait pleine de vin jusqu'au bord, et le bon Saint n'oubliait pas de placer auprès une corne à boire (2).

Les anciennes traditions n'avaient pas même toujours cherché à se cacher sous des déguisements plus ou moins chrétiens. Le concile tenu à Constantinople en 692 était encore obligé de défendre aux vignerons de croire à Bacchus et de lui demander de vivifier le jus du raisin (3). Lorsque saint Denys (4), l'apôtre de la France, subit le martyre avec deux compagnons que, suivant le légendaire, rien ne put séparer de sa vie ni de sa mort (5), l'un devint dans la tradition populaire saint Éleuthère, traduction grecque de *Liber*, nom latin de Bacchus (6), et l'autre fut appelé saint Rustique, sans doute en souvenance du Bacchus des champs (7), que des fêtes et des spécialités différentes firent distinguer beaucoup trop du

Eccardus, *Commentarii de rebus Franciae orientalis*, t. I, p. 435. Ceux qu'on faisait à l'époque du carnaval s'appelaient même également *Martins-Hörner*; Krünitz, *Encyclopädie*, t. XXV, p. 227.

(1)　Marteine, Marteine !
mach's Wasser zu Weine ;
Sommer, *Sächsische Sagen*, p. 161.

On croyait également à Andros qu'il y avait un jour dans l'année où l'eau de la source de Bacchus devenait du vin; Sepp, *Das Heidenthum und dessen Bedeutung für das Christenthum*, t. I, p. 224..

(2) Voy. Marks, *Geschichte vom Martini-Abend und Martinnsmanne*; Treuer, *De Martismanno*; Otto, *De diis vialibus*; Schmidius, *Martinalia scholastica*; *Martinalia*, dans Taubmanus, *Melodaesia*, p. 533, éd. de 1597 ; Simrock, *Martinslieder*, et la dissertation *Sur une monnaie représentant une coupe*, dans les *Mémoires de la Société des antiquaires de Picardie*, 1835.

(3) Neque execrandi Bacchi uvam in torcularibus exprimentes invocent; canon LXII; dans Labbe, *Sacrosancta concilia*, t. VI, col. 1169.

(4) Διόνυσος, le nom grec de Bacchus.

(5) Cum quo Rusticum presbyterum et Eleutherium archidiaconum (*alias* diaconum) persecutionis furor invenit. Hi beati viri a s. Dionysii nunquam se sustinuerunt abesse praesentia : quos in unum interrogatio persecutoris invenit, sed reperire non potuit, quem a societate martyrii separaret; *Acta Sanctorum*, Octobre, t. IV, p. 927, col. 2.

(6) Ἐλεύθερος ; cette curieuse coincidence nous a été très-obligeamment signalée par M. de Xivrey.

(7) Διονύσια τὰ κατ' ἀγροῦς. Ce ne sont la évidemment que des conjectures, et nous ne nous les sommes permises qu'à cause de l'obscurité complète où sont restées toutes les circonstances de la vie de ces deux saints. Le Bollandiste lui-même a dit : Ut sit, cum equidem nec Usuardus nec alii seu martyrologi seu scriptores, quibus tuto fidi queat, SS. Rustici et Eleutherii cum Dionysio, dum hic Roma Parisios adiit, societatem sat clare uspiam edoceant, fuisse illos hunc re ipsa tum comitatos, pro certo asseverare non ausim ; *Acta Sanctorum*, Octobre, t. IV, p. 898, col. 2 Au reste, que, par un hasard des plus extraordinaires, ils aient réellement porté les noms sous lesquels ils sont connus, ou que la tradition les leur ait donnés a cause de leur liaison intime avec saint Denys, il n'en résulterait pas moins

Bacchus de la ville (1). Par une obstination plus remarquable encore parce qu'elle avait dédaigné de recourir à aucune dissimulation, on honorait aussi un saint Bacque, passé, selon toute apparence, du Panthéon dans le martyrologe (2), et l'on avait placé sa fête à l'époque des vendanges, à un jour seulement d'intervalle de la commémoration de saint Denys (3). En plein moyen âge, les moines eux-mêmes croyaient, en Angleterre, éloigner la mortalité des bestiaux en rendant un vrai culte à Bacchus (4). On continuait à croire une influence préservatrice à sa représentation la plus éhontée, au phallus (5),

que les souvenirs dionysiaques étaient encore non-seulement vivants, mais entourés d'une vénération singulière.

(1) Comme nous le disions tout à l'heure, cette distinction avait fait aussi de saint Urbain un représentant et un successeur de Bacchus.

(2) Loin de combattre notre opinion, la *Vie et le martyre de saint Bacchus le Jeune*, publiés en 1668 par le P. Combefis, nous semblent, comme on dit au Palais, un commencement de preuve par écrit.

(3) Il ne serait pas tout à fait improbable, disait l'abbé Lebeuf, que la fête de saint Bacque n'eût été placée au 7 octobre, et celle de saint Denys au 9, que pour faire oublier ces fêtes bachiques et dionysiaques des anciens païens ; *Mercure de France*, Octobre 1730, p. 2190. Comme il le fait aussi remarquer, *Ibidem*, La montagne qui est proche Paris, où il y avoit des vignes dès le temps de Julien l'Apostat, ainsi qu'il nous l'apprend lui-même, avoit une église sous l'invocation de saint Bacque, martyr, qui est devenue depuis celle de saint Benoît. Par une traduction littérale du même genre, le canthare antique dédié à Bacchus, qui se trouve maintenant au Cabinet des médailles, sous le nᵒ 279, servait au culte dans l'abbaye de Saint-Denis.

(4) Pro fidei divinae integritate servanda recolat lector quod, cum hoc anno (1268) in Laodonia pestis grassaretur in pecudes armenti, quam vocant usitate *lungessouth*, quidam bestiales, habitu claustrales, non animo, docebant idiotas patriae ignem confrictione de lignis educere et simulachrum Priapi statuere, et per haec bestiis succurrere ; *Chronique de Lanercost*; dans Kemble, *The Saxons in England*, t. I, p. 358.

(5) Thiers a dit dans son *Traité des superstitions :* On ne sçauroit exempter de péché... ceux qui pendent à leur cou la vilaine figure que l'on faisoit autrefois porter aux enfants contre toutes sortes de charmes et de maléfices : voy. Böttiger, *Amalthea*, t. II, p. 408-418, et Arditi, *Il fascino e l'amuleto contro del fascino*, Naples, 1825. Dans des fouilles récentes, notamment à Evreux et à Cosa, en Querci, on a encore trouvé de ces phallus, quelquefois même avec un anneau, qui permettait de les suspendre à un ruban : voy. M. Bonnin, *Antiquités gallo-romaines des Euburoviques*, pl. 28, fig. 2, et la *Revue archéologique*, 1852, p. 247. Une statue, connue sous le nom de *Papesuc*, qui se trouve dans la rue Française, à Beziers, était, le jour de l'Ascension, revêtue d'une armure de chevalier, et on y appendait un phallus qui n'a été supprimé que par le commandement exprès du Parlement de Toulouse ; voy. l'*Antiquité du Triomphe de Besiers au jour de l'Ascension*, Besiers, 1628. Le geste avec lequel, faute d'un phallus mieux conditionné, les Romains repoussaient les mauvais esprits (*Medium ostendere unguem* ou *digitum*), qui avait pris naturellement un sens injurieux, a conservé aussi cette double signification pendant tout le moyen âge (*Ficus* ou *Ficham facere, Far le fiche, Faire la figue*) et la conserve encore, surtout en Italie : voy.

et au commencement du siècle dernier, non-seulement on lui dressait encore, dans les pressoirs des environs de Paris, de petites statues où il avait un tonneau pour piédestal, mais les vignerons qui ne lui témoignaient pas suffisamment leur respect étaient condamnés, par un tribunal de sept paysans, à recevoir des coups de verges (1) sur le derrière (2). En Allemagne, au milieu du quatorzième siècle, on célébrait encore Bacchus le verre à la main (3). Peut-être ainsi quelques faits traditionnels autorisaient-ils les soupçons de paganisme qu'excita l'Académie romaine fondée par Pomponius Laetus : peu d'années après, une troupe de jeunes gens très-versés dans les anciens usages, sacrifia de propos délibéré, comme s'ils avaient vécu à Athènes, dans la quatre-vingt-dixième olympiade, un bouc à Bacchus (4). Une pièce à peu près contemporaine, *la Letanie des bons Compaignons,* finissait par cet *Oremus :*

> Dieu Bacchus, nostre tres grant maistre,
> veuillez les suppotz recongnoistre ;
> Donnez nous les proprietez
> que ne soyons point desgoutez
> Et que tousjours, soir et matin,
> nous trouv(i)ons bon chair, pain et vin,
> Entre le nez et le menton,
> in secula seculorum (5) ;

et on l'invoque encore dans une sorte de protestation contre

Valetta, *Cicalata sul fascino volgarmente detto jettatura,* Naples, 1812, et de Jorio, *La Mimica degli Antichi investigata nel gestire napoletano,* p. 89 et suiv. et pl. 7. On appelle même, dans la Pouille, le phallus en corail que l'on suspend au cou des enfants, *Fica.*

(1) On les appelait *Ramon du baccana,* et ce dernier mot est certainement le commencement de *Barchanalia.*

(2) L'abbé Lebeuf, *Mercure de France,* octobre 1730, p. 2185-2191. Une autre chose très-digne de remarque, c'est que ces témoignages de respect pour Bacchus n'étaient exigés que le jour de la fête de saint Bacque et le jour anniversaire du martyre de saint Denys. Peut-être cette fustigation avait-elle une signification bouffonne et se rattachait-elle à la liaison de Bacchus avec Priape.

(3) En 1351 ; Kotzebue, *Geschichte von Preussen,* t. II, p. 194.

(4) Théophile disait dans une *Requête au Roi,* imprimée en 1626,

> Qu'autrefois on a pardonné
> ce carnaval désordonné
> de quelques-uns de nos poëtes,
> qui se trouverent convaincus
> d'avoir sacrifié des bestes
> devant l'idole de Bacchus.

(5) Dans *Les Motz dorez de Grosnet*

l'abandon de son culte, restée populaire en Normandie (1). On croit, en Allemagne, fertiliser les arbres en couronnant leur tronc de lierre ou de gui (2); on les arrose de cidre en Normandie (3), et on danse autour une ronde échevelée; dans le Devonshire, on se contente de boire du cidre par trois fois et de sommer le pommier, par cette puissante liqueur, de sè couvrir de fleurs et de fruits (4). Une danse autour d'un mai, encore en usage dans le Midi (5), semble avoir eu pour pensée première de demander, comme dans l'Attique, une abondante récolte d'olives (6), et l'on célèbre tous les ans, au lever du soleil, près de Briançon, une danse caractérisée par des omelettes, qui a conservé jusqu'au nom de Bacchus (7). Le bonhomme de paille que les matelots ne manquent pas de mettre sur l'Elterstein quand les eaux du Rhin baissent assez pour le laisser à découvert, s'appelle aussi *Bacharach* (8), et il est facile d'y reconnaître *Bacchi ara*, que, dans son ignorance du latin, le peuple a cru le nom du mannequin, parce que la pierre en avait un autre. Naguère encore, en différents endroits de l'Italie (9), le retour des vendanges ramenait les anciennes pompes de Bacchus : comme en Grèce, des jeunes gens, grossièrement masqués, circulaient lentement dans un

(1) Bacchus n'est pas mort (*bis*),
car il vit, car il vit encor.

Des souvenirs, à la vérité bien altérés, se sont aussi conservés en Espagne, puisque dans un conte populaire, *Juan Holgado y la Muerte*, publié par Fernan Caballero, il y a, p. 84, éd. de Leipzig : Por via del dios Vaco, que es el dios de las vacas.

(2) Montanus, *Die deutschen Volksfeste*, t. I, p. 13.

(3) C'était à l'origine du vin (Bacchus), et l'on croyait, en les arrosant ainsi, que le Dieu lui-même en vivifierait les racines.

(4) Voici l'incantation d'après le *Mirror*, cité par M. Kuhn, *Sagen, Gebräuche und Märchen aus Westfalen*, t. II, p. 109 :

Here's to thee, old apple tree, whence thou may'st bud, and whence thou [may'st blow, and whence thou may'st bear, apples enow! hats full, caps full! bushel, bushel — sacks full! and my pockets full too! huzza!

(5) Notamment à Signes, sur le revers de la Sainte-Baume.

(6) Elle s'appelle *Danse des Olivettes* : voy. les *Mémoires de la Société des antiquaires de France*, t. VIII, p. 217-221.

(7) *Bacchu-ber* : la description s'en trouve dans Ladoucette, *Topographie, antiquités, usages, dialectes des Hautes-Alpes*, p. 147.

(8) Wolf, *Beiträge zur deutschen Mythologie*, t. II, p. 111.

(9) A Naples; dans la Campagne de Rome, non loin de la Porta del Popolo; dans la rue Ripetta, et même à Rome, derrière le Théâtre de Marcellus.

char rustique, et attaquaient en passant quiconque se trouvait à portée de leurs invectives; parfois même ils se costumaient en Satyres, et jouaient aussi des pièces improvisées (1).

Il serait facile de multiplier ces indications et de prouver par des exemples presque innombrables que, malgré la rénovation apportée par le christianisme dans les idées, les anciennes choses ont obstinément persisté et subsistent encore. Pour qui ne s'en tient pas à l'étiquette, il s'est conservé parmi les populations d'origine latine beaucoup plus du monde romain qu'on ne le suppose : leurs instincts, leur sens logique, leur idiome, leurs superstitions (2), leurs amusements et trop souvent leurs idées, sont un héritage de leurs ancêtres. Les vaincus *mordent encore la poussière* (3), et les puissants ont *les mains longues* (4); quand on se ménage des bénéfices déshonnêtes *on ferre la mule,* comme sous le règne de Vespasien (5); les enfants jouent toujours à *pile ou face* (6); pour

---

(1) Vulpius, *Curiositäten*, t. II, p. 51. Pour ne pas allonger démesurément cette partie épisodique de notre étude, nous nous bornerons à indiquer en note d'abord un livre populaire sur Bacchus mentionné dans la ballade qui précède la *Légende de Pierre Faifeu* ; l'*Entrée magnifique de Bacchus avec madame Dimanche grasse sa femme, faicte en la ville de Lyon, le 14 febvrier 1627,* Lyon, 1838, in-8° ; bacchanale si complète, que, d'après des notes inédites du P. Menestrier sur l'histoire de Lyon, « on attribua avec raison aux impiétés de cette mascarade la peste cruelle dont elle fut affligée l'année suivante » ; puis enfin la *Description d'un diptyque* (du treizième siècle, représentant sur une de ses faces le triomphe de Bacchus) *qui renferme un missel de la fête des fous, lequel est conservé dans la Bibliothèque de Sens,* par Millin, Paris, 1806, in-4°.

(2) On regardait encore à la fin du dix-septième siècle que c'était un présage de malheur que de broncher en sortant de chez soi; Thiers, cité par Liebrecht, *Otia imperialia,* p. 222. Cette superstition avait même pénétré en Allemagne : Wer beim Ausgehen an die Schwelle stösst, kehre alsbald zurück, sonst har er ein Unglück ; Grimm, *Deutsche Mythologie,* p. cv, n° 895.

(3) Procubuit moriens, et humum semel ore
[momordit;
  Virgile, *Aeneidos* l. xi, v. 418.
      Tum denique tellus
Pressa genu nostro est, et arenas ore mo-
[mordi ;
  Ovide, *Metamorphoseon* l. ix, v. 60.

On dit également en allemand *Ins Grass beissen.*

(4) An nescis longas regibus esse manus!
    Ovide, *Heroides,* épit. xvii, v. 166.

(5) Mulionem in itinere quodam suspicatus ad calciandas malas desiluisse, ut adeunti litigatori spatium moramque praeberet, interrogavit : Quanti calciasset ? Pactusque est lucri partem ; Suétone, *Vespasianus,* par. xxiii.

(6) Pueri denarios in sublime jactantes *Capita aut Navia*... exclamant; Macrobe, *Saturnaliorum* l. i, ch. 7. La forme elle-même s'est conservée près de Caen : les enfants font sur des pierres plates, d'un côté, deux ronds, et de l'autre, un triangle renversé, et les jettent en l'air en criant : *Ca pri tcha haut l'navia; Bulle-*

vilipender quelqu'un, on le fait chevaucher sur un âne (1), et si essentiellement chrétien que soit le jour de Noël, on continue de l'appeler les *Calendes* (2), parce qu'il y a trois cents ans c'était le premier jour de l'année (3). Chacun se dit avec orgueil de son pays et de son siècle, mais le vieux Romain se retrouve à fleur de peau. On est toujours un peu païen, comme on l'était à Rome, et batailleur avec délices, pour le plaisir de l'action et l'enivrement de la bataille. On rit du *chauvinisme*, parce qu'il faut bien avoir de l'esprit, mais chacun l'inventerait pour son propre compte s'il n'existait pas, au moins en

tin de la *Société des antiquaires de Normandie*, t. I, p. 274. On dit maintenant *Pile ou Face*, et c'est aussi deux signes caractéristiques de la monnaie :

> Ores je n'ay ne croix ne pille ;
>
> *Mystere de la Resurrection;* B. I., n° 972, fol. 48 r°.

Voy. aussi le *Roman de Rou*, v. 2165. Selon Bulengerus, *De ludis privatis Veterum*, ch. v, *Pila* signifierait Navire, et serait la racine de *Pilote;* d'autres l'ont expliqué par Ecusson et par Porte, et nous y verrions volontiers le Poids. la Valeur de la monnaie. On dit en Italie, *Testa ove Parole.*

(1) A Cumé, en Éolie, on promenait les femmes adultères sur un âne, et elles étaient ensuite réputées infâmes, Ὀνοβά-τιδες, de Ὀνοβατέω, Accoupler un âne avec une jument : Plutarque, *Quaestiones graecae*, quest. 11. La raison de ce bizarre châtiment se trouve dans Lactance, *De divina institutione*, l. 1, ch. 21, où il est raconté que l'âne et Priape avaient disputé *de obscoeni magnitudine*, et que l'âne l'avait emporté. C'était habituellement les maris qui s'étaient laissé battre par leurs femmes, ou même leurs voisins (Gravier, *Histoire de Saint-Dié*, p. 298), à qui l'on infligeait en France cette ridicule promenade : voy. les deux *Recueils de la chevauchée de l'asne, faicte en la ville de Lyon*, le 1er septembre 1565 et le 17 novembre 1578. A Paris, c'étaient les maris ridiculement trompés qu'on promenait sur l'âne (Brand, *l. l.* t. II, p. 127, éd. d'Ellis); mais la tradition ancienne s'y était aussi probablement conservée, puisque le duc d'Orléans, frère de Louis XIII, fit con-

damner La Neveu, fameuse pourvoyeuse, connue par deux vers de Boileau, à en parcourir les rues, montée toute nue sur un âne; *Fureteriana*, p. 224. Dans plusieurs fiefs des comtés de Berks et de Devon, les veuves qui avaient manqué à la chasteté perdaient la terre qu'elles avaient héritée de leur mari, et ne la recouvraient qu'après être venues dans la cour du château, à cheval sur un bélier noir, sa queue dans la main, et avoir chanté ces vers :

> Here I am, riding upon a black ram,
> like a whore as I am;
> and for my *Crincum crancum*
> have lost my *Bincum bancum;*
> and for my tailes game
> am brought to this worldly shame.
> Therefore, good M. Steward, let me have
> my lands againe;

Blount, *Antient tenures of land*, p. 144.

(2) Ou plutôt *Chalandes*, dans le Dauphiné. Peire Vidal disait aussi ABRIL ISSIC :

> E si s'avenc entorn Nadal,
> C'om apela Kalendas lai,

et on lit dans *Le tracas de la foire du Pré*, p. 30 :

> A la Calendre toutefois
> ils attrapent les villageois.

Le gros pain que l'on faisait dans un but superstitieux la veille de Noel, s'appelait le *Pain de Calende.*

(3) Une ordonnance de Charles IX la fit commencer au 1er janvier, en 1564. La même obstination faisait donner au 1er janvier le nom de *Noël;* une superstition, citée par Thiers, ne permettait pas de cuire du pain entre les deux Noël : voy. Liebrecht, *Otia imperialia*, p. 229.

germe, dans le cœur de tout le monde : la patrie, c'est encore
le *caput orbis*, et le moins vaniteux triomphe des succès mili-
taires de son armée. On a, par excès de sens commun, l'hor-
reur de la poésie, et l'on se passionne, même au théâtre, de
l'émotion des autres : tous les cris trouvent des échos, et
toutes les émeutes des comparses. Si l'on tranchait à Rome
de l'esprit fort, quand les augures étaient une institution poli-
tique ; on se targue à Paris de ne plus croire qu'à Voltaire, et
l'on consulte les bonnes femmes et les tables tournantes. On
méprise le passé comme un temps d'obscurantisme, et on le
continue le plus qu'on peut en s'obstinant dans ses habitudes.
Ainsi, pour en citer un exemple qui se lie bien étroitement au
sujet de cette étude et confirme par une preuve singulière
l'opinion que nous aurions voulu y défendre : malgré la grande
incommodité des chiffres romains et les difficultés presque in-
surmontables dont ils compliquent les calculs les plus simples,
naguère encore les paysans du Dauphiné continuaient opiniâ-
trément à s'en servir (1).

(1) Champollion-Figeac, *Nouvelles recherches sur les patois.* p. 62. Il y a même
eu des coutumes, étrangères, sinon anti-
pathiques, à la classe la plus éclairée du
pays, qui se sont conservées jusqu'à nos
jours avec la même obstination machi-
nale. Ainsi, par exemple, les anciens Al-
lemands croyaient se lier d'une manière
toute particulière en se frappant dans la
main *Gintesschlagan*, d'où *Handpratte*.
Contrat : voy. *Lex Visigothorum*, l. II,
tit. v, par. 18, et ce singulier moyen de
contracter une obligation s'établit avec
eux en France. On lit dans *Li sohaiz
desvez*, v. 171 :

Sire, fait elle, enfin avint ;
le marchier palmoier coviat ;

dans Méon, *Nouveau recueil*, t. I, p. 298.

Il n'y a pas de foire en Normandie où
l'on ne conclue encore cent marchés en
se frappant dans la main, et la langue
académique dit elle-même *Tope!* et *To-
pez là!*

EXPLICATION DE LA PLANCHE.

N° 1. Tablette en bois de chêne composée de deux parties, divisées, chacune, en deux colonnes. Elle est enduite également sur ses deux faces de cire noircie, et a 436 millimètres de haut sur une largeur de 197 millimètres. Une petite anse en cuir placée au haut, la rend plus facile à porter, et un trou, percé aussi dans la partie supérieure, permet de l'accrocher à un clou et d'en relier plusieurs ensemble avec une ficelle. Quand les comptes ont été relevés, on efface l'écriture avec le rabot qui se trouve au haut du grand style, et on repolit la cire avec un bouchon de liége légèrement chauffé.

N° 2. Tablette entièrement semblable à la première, mais n'en formant que la moitié, avec un peu moins de hauteur, parce que le cadre en bois n'est pas tout à fait aussi large.

N° 3. Style en fer, long de 165 millimètres ; le rabot du haut en a 6 de large.

N° 4. Style aussi en fer, de 121 millimètres, terminé par un demi-cercle un peu allongé, qui sert à constater si le poisson peut être vendu sans contravention aux règlements sur la pêche : son diamètre est celui d'un tournois, minimum de la grandeur que pouvaient avoir les mailles des filets.

N° 5. Grandeur naturelle du demi-cercle.

Nous ajouterons la description que Petrus de Ludewig a donnée des tablettes en usage à Halle : Constat codex duodecim tabulis. Tabulae sunt ligneae, obductae cera, verum marginatae ideo igneis striis in extremitatibus ad firmandum et continendum ceram, ne difflueret intra limites. Quid ? quod etiam ligneae striae per tabulae meditullium, ideo divisae in primam et ultimam marginem. Quas loquutiones neque Salmasius intellexit cum oculatissimis. Ex utroque latere scribi potest in tabulas singulas, stilo non ferreo, sed eburneo. Eburi enim cera minus adhaeret, quam metallo. Unius itaque tabulae margines in unoquoque latere sunt duo, quatuor in utroque ; *Vita Justiniani*, p. 236. Le style que Hugo avait vu à Bruxelles se rapprochait assez dans sa partie supérieure des grands styles de Rouen : Stilus aereus est, instar ligunculi, in curva pala, ut nempe, imposito indice, firmius cerae sulci complanentur, cauda seu cuspide inter reliquos digitos inclusa. Quare qui hunc stilum verterit ad inducendas litteras, non eo utetur plane erecto, sed obliquato, omnino sicut parvo ligunculo, non sicut typo epistolari, quo signantur epistolae ; *De prima scribendi origine*, ch. IX, p. 85, éd. de 1617.

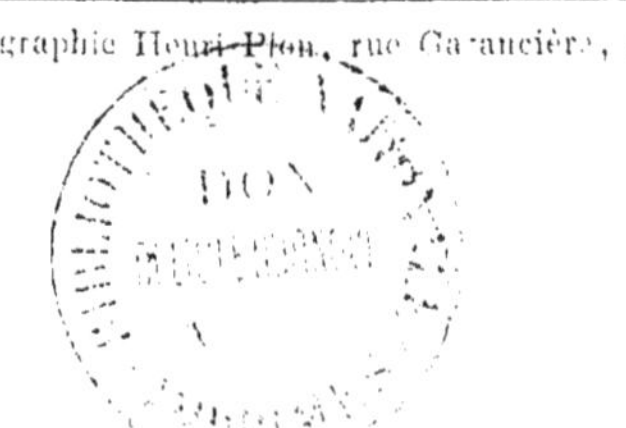

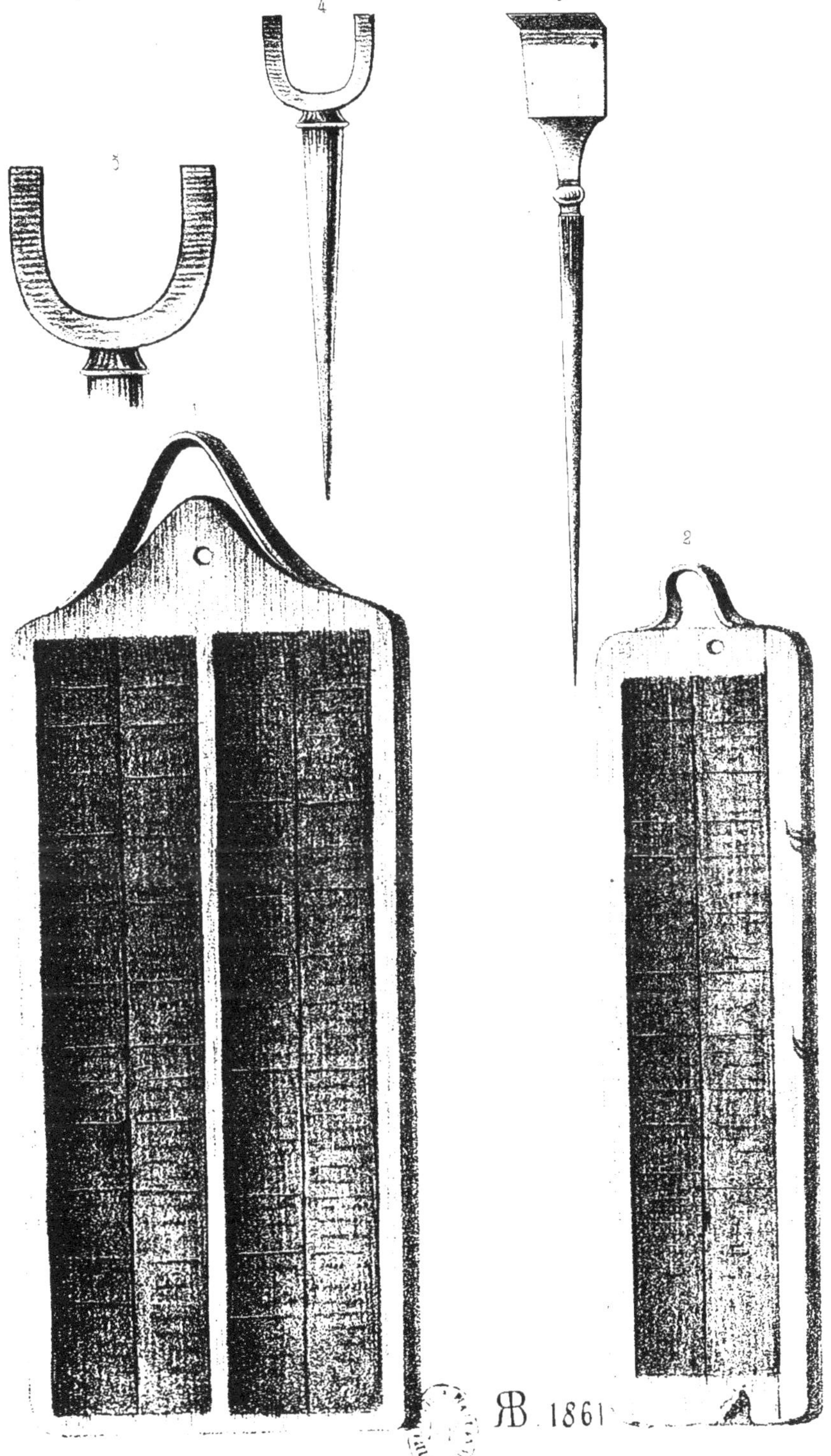
3
4
5
2
RB 1861

www.ingramcontent.com/pod-product-compliance
Ingram Content Group UK Ltd.
Pitfield, Milton Keynes, MK11 3LW, UK
UKHW031804170726
13836UKWH00003B/1187